清掃はおもてなし

9年連続世界一の
羽田空港の清掃を支える
職人の働き方と考え方

新津春子

日本能率協会マネジメントセンター

はじめに

私は、羽田空港の清掃管理業務を行っている日本空港テクノで働いています。

1995年から、空港のターミナルビル、社員寮、会社が請け負っている施設などの清掃に携わってきました。

2015年に放送されたNHK「プロフェショナル　仕事の流儀」で、清掃員として取り上げていただいてから、私の働き方は大きく変わりました。

講演会で話をしたり、テレビやラジオ、雑誌などの取材を受けたり、本を書いたり。

また、社内では唯一の環境マイスターとなり、「世界一清潔な空港」に選ばれてきた羽田空港全体の環境整備に携わるようになりました。

それから10年。さらに仕事の幅が広がり、2025年現在は、空港清掃で培った技術を生かして一般家庭の清掃を行うハウスクリーニング「思う心」の事業や、よりラクにきれいにするための清掃用品の企画開発なども行うようになりました。

あわせて、空港の清掃品質をチェックするインスペクターやハウスクリーニング事業部のスタッフなど後輩社員たちの教育にあたったり、ビル清掃とハウスクリーニングの業界団体講師や東京都立職業能力開発センター講師として、清掃の仕事に携わる方たちへの実技指導も行ったりしています。

入社して30年、今も変わらず日本空港テクノの社員ですが、清掃用品の企画開発など一部の仕事は親会社の日本空港ビルデングに兼務して行っています。

このような働き方をしていると、「新津さんはやりたいことが次々と変わって、いったい何をやりたいんですか？」と聞かれることがあります。

違うんです。

私は清掃の仕事を守りたいだけ。

日本空港テクノの仲間たちと一緒に、清掃の仕事に取り組み続けたい。だからこそ、他のいろいろな仕事も精一杯頑張れるんです。


私は清掃の仕事が大好きです。

どうしたらより早く、安全にできるかを考えて、自分なりの手順をまとめる。そうやって、工夫して目標をクリアすることが本当に楽しい。

いつも目標を立てて、一つひとつできることを増やしてきましたが、この仕事には終わりがありません。どこまでも、さらにその先があります。


30年前、「もっと清掃を学びたい」と思って、空港清掃に携われる今の会社で働き始めましたが、清掃を学び続けたいという気持ちは、当時より強くなっているかもしれません。

なぜなら、清掃の仕事が私の人生のもとになっているからです。現場での清掃作業を起点に、今の仕事や生き方、すべてにつながっている。自分のもとを忘れてしまうことなんてできません。

自分の目標に向かって努力を続けるなかで、全国ビルクリーニング技能競技会で優勝できたり、番組に取り上げていただいたり、運良く節目節目に評価され、多くの方から注目していただけました。

でも、そこがゴールではありません。そこから自分を新しく変えていくことが必要です。

自分をどんどん更新しなければ、これまでやってきたことがその時点で終わってしまいます。

私のやりたいことは、もう一つあります。

それは、会社に恩を返すことです。

私は清掃の仕事に取り組むなかでとても大切なことを、この会社で学びました。そして、たくさん会社に支えてもらってきました。

会社が私を支えてきてくれたように、私も会社を支えたい。そのためにも、一生懸命頑張り続けたいと考えています。

この本から、私なりの働き方、生き方を知っていただき、少しでも皆さまのお役に立てたら嬉《うれ》しいです。

これまで私が経験してきたことの、良いところも悪いところも生かしていただけたらと願っています。

2025年1月

新津春子

第3章

羽田空港で働きたい

第4章

「日本一」を目指して

第5章

世界一清潔な空港

第6章 表舞台へ

第7章

ハウスクリーニングをやりたい！

第8章

空港が止まった

終章 思う心

第1章

中国で生まれ育って

⁘ とびきり小さな赤ちゃん

とてもとても小さな赤ちゃん。

体重は数百g、赤いレンガブロックほどの大きさで、まだ髪の毛も爪もない——。

1970年、中国の東北部にある瀋陽《しんよう》という街で、私は生まれました。

超未熟児だったので、お医者さんから「この子が助かるのは難しい」と言われて、両親は心配しながら見守り育てたそうです。

でも、日に日に体重が増えて、どんどん大きくなり、活発で男の子に間違われるほど。人一倍、元気に育っていきました。

小学6年生の頃には、身長は126㎝で体重は45kg。洋服は子ども用では入らなくなり、一回り大きいものを着ていました。

砲丸投げの強化選手に選ばれて、腕力では誰にも負けない、たくましい女の子になりました。


私は3人きょうだいの2番目で、2つ違いの姉と弟がいます。

姉は勉強が好きで、成績は学年でトップ。とてもしっかりしていて、両親が泊まり勤務で家にいない時など、8歳の頃から私と弟に食事を作ってくれていました。掃除や洗濯も姉がやってくれました。

私の役目は力仕事。家族で一番体が丈夫で力も強かったので、大きな鍋を運んだり、水を運んだり。手伝いが終わると弟と外へ遊びに行って、虫取りや雪遊びをしました。

私が子どもの頃は遊び場がなくて、一番楽しく過ごせたのは祖父母の家でした。瀋陽市内に母の実家があり、特に祖母は私たち孫をかわいがってくれました。

わが家は一家5人、平屋住まいでしたが、大雨が降ると雨漏りがしていたり、震度7の地震もあって、その時は外で寝たりした記憶があります。

子どもの頃、電気が使えるのは夜の9時まででした。遅い時間はろうそくで過ごしました。

水は井戸水を汲《く》んできて、使っていました。

それでも私の家はまだ良いほうで、みんなが貧しくて、食べ物も十分にない時代。

小学校で隣の席だった子は8人きょうだいで、真冬でも靴から足先が出ていました。その子がよく、私の家に夕食を食べに来ていました。

一年の中で一番嫌な季節が冬。とても寒くて、気温がマイナス35度になることもありました。

雪が降った朝は、子どもたちはみんなスコップを持って出て、自分の家から学校まで雪かきをしながら通学していました。どの子も風邪もひかずに元気でした。「こんな厳しい所で一人では生きていけないでしょう。だから、みんなで協力しなくちゃね」と言われて育ったからかもしれません。自然に、子どもたちはみんな、家の手伝いをしていました。

勉強は苦手、体育は得意

小さい頃の私は、人と接するのが苦手で、内向的な子だったと思います。いつも親から言われていたのは「目立たないようにしなさい」「ケガをしないように注意して」「よその家に遊びに行ってはダメ」。何をするにも親の許可が必要でした。父に連れられて近所の人のお家に上がった時など、目の前にお菓子を出してもらっても、私は父の後ろに隠れて、父の顔を見て「いいよ」と言われなければ食べないような子でした。

いつも学校が終わるとまっすぐ家へ帰って、放課後に友達と遊んだこともありません。姉も弟もそうです。安全第一、とにかく問題を起こさないようにと育てられました。

なぜうちの家は他の家より厳しいんだろう。

わからないまま親の言うことに従っていましたが、その理由は後に理解できました。

学校は休まずに通いましたが、勉強は大嫌いでした。

授業中、ちゃんと先生の話を聞いていても、内容が全くわかりません。先生が黒板に書いたことをノートに写すのですが、最後まで書き終わらないうちに次の内容へ進んでしまいます。みんなと同じように手を動かしているつもりなのに、どうしても追いつきません。

毎日の授業がそんな調子ですから、試験の時もうまくいくわけがありません。テストの点数は、クラスの中で下から1番目か2番目でした。

答えを間違えると、先生から叩かれたり廊下に立たされたりするのですが、私はどこを間違えたのかさえよくわからずにいました。怒られたって罰を受けたってわからないものはわからない、どうしようもありません。

「勉強ができない子は悪い子」と言われて、先生から嫌われていましたし、クラスの子どもたちからも良く思われていなかったと思います。遊び仲間の友達もいない、落ちこぼれの子でした。


唯一好きだった授業は、体育。体力には自信があって、運動も得意でした。

学校で年に一度、運動大会が開かれて、小学校4年生の頃、国の担当者が各競技の強化選手となる子を探しに来て、私は砲丸投げと短距離の選手に選ばれました。

頭が良くない分、カバーできるものは何だろうという意識が強くあったかもしれません。普段はおとなしくしていても、勝負になると夢中になる、負けず嫌いの性格でもありました。

選手になってからは、毎朝4時から7時まで、授業が始まる前に練習しました。選手になると国から給料をもらえるので、そのお金で食べ物を買って、クラスの全員に分けたりしていました。

❖ 父は中国残留日本人孤児——私は日本人の子？

私の父は中国残留日本人孤児で、母は中国人です。

中国残留日本人孤児とは、１９４５年、第二次世界大戦敗戦時の混乱の中で日本人の親たちと離ればなれになって中国に取り残され、中国人の養父母のもとで育てられた子どもたちのことです。

戦前、日本の国策によって中国東北部（旧満洲）には開拓民として多くの日本人が移り住んでいました。

私の父はある日、養母から「これがあなたの実の父親で、あなたは日本人から預かった子どもです」と2枚の小さな写真と日本の国旗を手渡されたそうです。父が養父母に引き取られたのは1歳の頃で、実の親の記憶はなく、その時まで自分が日本人だと知りませんでした。


その養父母も、父が13歳の頃に亡くなってしまいました。

家もなく、家族もいなくなった父は、車の修理業を営む近所の人にお世話になり、仕事を手伝いながら技術を身につけていったそうです。その整備工場に寝泊まりして、休みなく働き続け、一人前の整備士となりました。

そして、母を紹介されて結婚しました。当時の結婚は、当人同士の相性などは二の次、まずは生活を営んでいけるかどうか。私の祖父母の時代は、本人が生まれる前に縁談が決まっていたといいます。私も父が勝手に許婚《いいなずけ》を決めていたようでしたが「イヤ！」と言って断りました。

私が、父が日本人だということを知ったのは、小学生の頃です。家族会議が開かれて、2枚の写真と日本の国旗を見せられたのですが、「私のおじいちゃんって日本鬼子《リーベングイズ》だったんだ」とショックを受けました。

侵略してきた日本人に中国人が立ち向かうテーマで、髭をはやし、長い刀を携えて馬に乗った日本の軍人が中国人を斬《き》り殺す――そんな場面が出てくる映画を学校で見たことがありました。写真に写っているおじいちゃんの姿は、映画の軍人そのものだったのです。

「日本鬼子」とは、日本人に対する蔑称です。

あの悪者は、私のおじいちゃんだった――。

なぜ？　どうして？　驚くばかりで、どうしたらいいのかわかりませんでした。

⁘父の一時帰国とおみやげ

1972年、私が生まれた2年後に日中共同声明が発表されて、日本と中国の国交が正常化しました。中国から日本に2頭のパンダ「カンカン」と「ランラン」が贈られたのはその時です。1978年には日中平和友好条約も結ばれました。

そのような流れのなか、中国に留まっている日本人孤児の問題が注目されるようになりました。1981年、孤児が日本を訪れて肉親探しを行う事業を厚生省（現・厚生労働省）が始めました。日本政府の協力のもと、父は日本へ一時帰国しました。

戦後35年を経て、わずかな手がかりに望みを託しての日本での肉親探し。

残念ながら、父は親族を見つけることはできませんでしたが、たくさんのおみやげを持って帰ってきてくれました。

私たちきょうだいにはそれぞれにピンクや青のカラフルな自転車に、いろいろな種類のおいしいお菓子。日本の民間団体から、たくさんの洋服をいただきました。

中国では子どもも人民服を着ていた時代。こんなに、服にいろいろな色やデザインがあるなんて考えたことがありませんでした。自分の好みでさえ、よくわからずにいました。みんなから「それいいね、貸して」と言われました。


父は滞在期間中に訪れた場所の絵ハガキを買ってきて、それを私たちに見せながら、日本で見たこと、体験したことを話して聞かせてくれました。

当時、日本は経済成長のただなか。比べて中国は「50年遅れている」と言われていました。

私は、写真や絵が印刷されたハガキを見るのもその時が初めてでした。

父が日本で知り合った人たちから手紙が届くと、そこに貼ってある切手を眺めては、こんな小さい所に細かく絵を描くんだなぁと、いつも見とれていました。私の趣味の切手収集はその時から始まりました。

帰国後、父が見せてくれる物、聞かせてくれる話は、どれも魅力的でした。だから、その後に父が家族会議で「みんなで日本へ帰って、日本で暮らそう」と話した時、私は大賛成でした。

父としては、家族に日本を見せたい、子どもたちを日本の環境で育てたいという気持ちや、日本で暮らせばいつか親族に会えるのではないかという期待もあったのだろうと思います。

姉も弟も日本への帰国は賛成でしたが、母だけは違いました。母は中国人、日本で暮らすことは祖国を離れること。今まですぐ近くに住んでいた親とも会えなくなります。母は長女のため、実家の家族たちを心配していました。

それでも最終的には、母は父の決心に従ったのです。

❖ いじめと目覚め

父の、日本への一時帰国をきっかけに、私は学校でいじめられるようになりました。

あっという間に、周囲のみんなに私の父が日本人だと伝わっていったのです。

「日本鬼子！」

あの言葉ではやしたてられ、嫌がらせをされたり、石が飛んできたり。

「おじいちゃんの孫だから、私も悪いんだ。本当は生まれたらいけなかったんだ」と思いました。

だけど、私が何をしたっていうのだろう。

頭の中で、そんな考えがグルグルと渦巻いていました。

両親からは、「耐えるしかない」と言い聞かされていました。

第1章
中国で生まれ育って

学校の帰り道、いつものように同級生の男の子に追いかけられて、泣きながら家に向かって走っている途中、母方の叔父さんに会いました。

「どうして逃げ帰ってくるんだ？」

叔父さんに聞かれて、「みんなが石を投げてくるけど、自分は何もしていない、それでも父が日本人だから、日本鬼子で悪いんだっていじめられるんだ」と答えました。

叔父さんは、

「いつまで逃げるつもりなんだ。ケンカっていうのはこうやってやるんだ。ついておいで」

石を投げた男の子の家へ行って、部屋の中にあるものをメチャメチャに壊した後、その子に向かって、

「次は命がないからな」

そう言って、私を連れて帰りました。

「ケンカは徹底的に命をかけてやるものだ。そうしないと、またいじめられるだけだ」

叔父さんの言葉は、これまで親から言われてきた言葉、教わってきたこととは正反対でした。

こうすればいじめられない――。

自分が大きく変わった瞬間でした。

日中平和友好条約が結ばれてから、中国国内の日本に対する捉え方も少しずつ変化して、

「これから私たち家族にも道が開かれていく」

そんな期待も抱くようになりました。

第2章

父の祖国、日本へ

✣ 家族みんなで帰ろう

中国も小学校は6年生まででしたが、当時の義務教育は小学校だけ。中学校に進むには、試験を受けて合格しなければなりません。

私も小学校を卒業後、受験して中学校に入学しました。

けれど、日本へ帰国する手続きで学校を休まなければならないことが多くなり、中学校は遅刻や欠席にかなり厳しかったため、退学になる前に辞めました。

もともと勉強は嫌いでしたし、父も小学校卒業だったので、とにかく健康でいればいいという感じでした。

砲丸投げの選手を続けることはできなくなりましたが、それよりも家族と日本へ行くことのほうが大事です。小学生の時に記録は残せていたので、あまり残念とも思いませんでした。

近くに住む叔母さんの仕事を手伝って、工事現場で壁を塗る内装の作業を覚えて働きました。モルタルをのせた板を片手に、コテを動かして壁に塗っていくのですが、もともと体を動かすことは好きですし、褒められると嬉しくて、一生懸命仕事に取り組みました。

一家で日本へ永住帰国するには、さまざまな手続きを済ませなければなりませんでした。

順番が来れば、日本政府から帰国に必要な費用を受け取ることになっていましたが、いつその順番が回って来るのかわかりません。

手続きが済むまでに、すでに数年かかっていましたから、父は「もう待てない」と思ったのでしょう。自分で費用を負担して日本へ帰ることに決めました。そのためにどれだけ母が工夫を重ねて節約したか……。

ようやく全ての準備が済んで、中国から日本へ向かった時のことで、私がよく覚えているのは両親の様子です。

母は、家を出てから汽車に乗って大連の空港へ行く間、ずっと泣き続けていました。泣きすぎて、途中、気を失ってしまったほど。

空港へ着いて飛行機に乗ってからは父が興奮して、日本上空まで来ると「見ろ、日本だ、日本だ！」と座席のベルトを外して歩き回るのを、止めるのが大変でした。キャビンアテンダントや乗客の皆さんに迷惑をかけてしまいました。でも、そのぐらい日本が恋しかったのだと思います。

それまで中国国内ですら家族旅行などしたことはありませんでした。もちろん飛行機に乗るのも初めてでしたが、両親の姿のほうが記憶に残っています。

第２章
父の祖国、日本へ

日本の玄関口、空港の光景

１９８７年、私が17歳の時に、私たち一家は日本へ帰国しました。

成田空港に着いた時、とにかく「広い！」と思いました。

国際空港ですから、いろいろな国の人が歩いています。私は人種の違う人に会うのは初めて。行き交う人たちの服装にも見入りました。父からもらった日本のおみやげの服より、さらに色数が増えてデザインも多彩です。

空港に並ぶいろいろなお店のショーウィンドーにも見とれました。

レストランには、知らない食材を使った知らないお料理が並んでいます。

日本料理屋さんのショーウィンドーには色鮮やかなメニューがいろいろ。私が中国で食べていた野菜は、ホウレンソウ、ニラ、白菜、インゲン、キュウリばかり。他の野菜はよく知りません。
それからケーキ。クリームという言葉も知らなくて、きれいだなぁとずっと眺めていました。

初めて知るもの、食べたことのないものばかりです。
どんな味がするのかな、食べたいな。
あれも欲しい、これも欲しい。
その時の空港の光景、目にしたもの全てを、もっと見たい、知りたい、食べたい。
こんなにたくさん、いろいろなものがあって、豊かで自由で――。
いつか全部、自分の手に入れたいと思いました。

父が宿泊先までのタクシーを探している間、空港を行き来する人たちやお店のショーウィンドーをひたすら見ていました。

そのうちに夜が更けてしまいました。

言葉が通じず悪戦苦闘していた父は、それでもなんとか、中国語を話せるタクシーの運転手を見つけて、その人の紹介で宿泊先も探すことができました。

私はそんなトラブルが起きていることなど何も知らずに、初めての日本、初めての体験に包まれて、それだけで胸がいっぱいでした。

清掃のアルバイトが生活の支えに

その宿で過ごしている間に、父は民間の支援団体の方と連絡を取って、今後の相談をしていました。その方の尽力のもと、住まいを手配してもらうことができ、私たち一家は都営住宅で暮らせるようになりました。

都営住宅の家賃は無料でした。収入がなかったので生活保護を受けることもできましたが、父はまだ就職先も決まっていないのに「自分は働けるからいらない」と断ってしまいました。

当時、日本の円は高く、中国と日本では物価も違います。中国から持ってきた貯金はどんどん減っていきました。生活費を稼ぐため、家族全員で仕事を探し始めました。仕事を探すといっても、日本語がわかりません。あちこち歩き回っていると、「掃除」と「求人」の文字が目に入りました。この2つの言葉は、中国語も同じ表記なので、意味が理解できました。

言葉は通じないけれど、掃除なら、なんとかできるかもしれない。

募集先の会社を訪ねて、働きたいということをなんとか伝えると、まだ中学生の弟を除いて家族全員、その会社で雇ってもらえました。

その翌日から、清掃の仕事を始めることになりました。オフィスビルなどの床を洗ってワックスをかける、定期清掃といわれる仕事です。モップをかけたり、ポリッシャーという機械で磨いたり。身振り手振りでやり方を教わって、現場に慣れていくうちに作業を覚えていきました。

その会社では、お給料を当日、現金で支払ってもらえたので、私たち家族はとても助かりました。

一方で、清掃は尊重されにくい仕事であることは働き始めてすぐにわかりました。作業をしていると、自分のやること全てが周囲の人から無視されるような感じがあって、当時のユニフォームもそれを表すような、すすんで着たくなる色やデザインではありませんでした。

でも、当時の私たちには、言葉ができなくても一家で働くことができる、唯一の仕事でした。

それに、教わったとおり一生懸命作業をしていると、汚れが落ちてどんどんきれいになっていきます。

ある時、作業しながら思わず「きれいになったね」と声が出ました。

だいぶ後になってから知ったのですが、中国残留日本人孤児として、本当はいろいろな援護が受けられたようです。

父が一日でも早く帰国しようとあせらなかったら、空港に迎えに来てくれる人もいて、もう少し余裕のある状態で日本での生活を始められ、日本語の勉強などにも取り組めたはずでした。

けれど、もしそうしていたら、清掃の仕事とは出合っていなかったかもしれません。生活保護を受けずに、自分で働いて生きていくと決めた父。私たち家族は父が決めたことに従うだけでしたが、苦しい状況も家族で力を合わせてなんとか切り抜けてきました。

だからこそ、今、私はこんなふうに頑張れるようになったのかもしれません。父を恨む気持ちはなく、これで良かったと思っています。

その後、車に強い父は、大型自動車免許を日本でも取得しました。大型トラックのドライバーとして働けるようになり、勤務時間は長くなりましたが収入は上がりました。

姉は電機メーカーに正社員として就職。母は清掃の仕事を続け、後に正社員になりました。

昨日より今日、今日より明日。

収入に伴って、家賃は無料ではなくなりましたが、だんだんと生活は安定してきました。

支援団体の方が高校の進学について教えてくれて、私は清掃の仕事をしながら、高校に入学するための準備を始めました。

⁘ 日本での高校生活

日本の学校はどんな感じだろう。

勉強は嫌いでしたが、同世代の人たちと一緒に過ごせる学校の雰囲気が知りたくて、「高校へ行きたい」と思いました。

とはいえ、高校に入学するには試験を受ける必要があります。勉強を教えてくれる方に恵まれて、日本語の読み書きを学ぶところから始めました。

日本に来た翌年、帰国子女の受け入れのある都立高校を受験。無事合格して入学することができました。


その学校は制服もなく、みんながワイワイと話していて自由な雰囲気を感じました。

でも、入学して数日後、教室に入って自分の席に着こうとすると、イスの上に画鋲《びょう》が並んでいました。座面にびっしり、針を上にした状態で敷き詰められていました。

ここでもいじめにあうなんて。

「誰？ これ、誰？」と言っても、みんな黙ったままです。

私はその画鋲を先生の机の上に並び替えました。先生が教室にやって来て、それを見て「誰がやったの？」と聞いたので、私は手を挙げて「ここにあったから」と自分のイスを指しました。

先生は黙って何も言ってくれませんでしたが、その後、嫌がらせを受けることはありませんでした。

弟も同じ高校に入学したのですが、当時、弟は空手とボディビルをやっていて、「何かあったら2人で戦おう」と話し合いました。

日本へ来たら、自分も自由になれると思っていました。

けれど、中国では「日本鬼子！」、日本では「中国人」と呼ばれて、いじめや差別を受ける現実がありました。

中国でも、日本でも、受け入れてもらえない。

私って、いったい何だろう。一生ずっとこうして生きていくのかな。

私には、どこにも居場所がないのかな。

そんなふうに悩みながらも、日本での生活は、楽しみもありました。

アルバイトをしたお金で、買い物をすることです。

たくさん働いた分、着てみたい洋服、バッグ、靴、それから食べたことのないお菓子やジュースなど、次々と買いました。洋服は上から下まで全身揃えて買いましたし、食べ物は気に入ると大量に買って食べました。

もっと見たい、知りたい、食べたい。全てを手に入れたいという思い。

いろいろなことがあっても頑張れたのは、空港での体験が原点にあったからだと思います。

⁘音響機器メーカーへの就職

高校を卒業後、知人が紹介してくれた音響機器のメーカーに正社員として就職しました。

ヘッドフォンやイヤフォンなどを作っている会社で、私の配属先は製造部です。ヘッドフォンを組み立てたり、はんだ付けをしたり。細かい作業でしたが、一生懸命覚えました。

組み立てや点検などの作業は、集中力を必要とするものの、ずっとイスに座って行います。私は、勤務を終えても体力があり余っている状態で、夜は清掃のアルバイトをしました。

当時は姉と2人で暮らしていましたが、そのうち姉が結婚したら一人暮らしをしなければなりません。お金は必要でした。

入社して3年が過ぎた頃、肩に痛みを感じるようになりました。精密機械を扱っているため、室内は常に低めの温度に設定され、エアコンの冷気も厳しく感じます。また、その会社で自分にできることは全て覚えきってしまい、仕事への興味がだんだんと薄れてきていました。さらに違うことを身につけたい、ステップアップしたいと思っても、当時、社内にその仕組みはありませんでした。

何時間も座ったままで行う組み立ての作業より、体を動かして汚れを落としていく清掃の作業のほうが自分に向いているなと感じていました。

清掃のアルバイトは、夜間や早朝、休日だけでも働ける求人が多くあります。

アルバイトの情報誌で、まだ自分が経験したことのない現場や作業内容の募集を見つけては応募して、十数社もの清掃会社で働きました。

当時、清掃の仕事で正社員として就職もできることを知りませんでした。

アルバイト中は、指定された用具と洗剤を使い、指示されたとおりの作業しか教わることができませんでした。


そんなある日、実家に帰る途中で1枚のポスターが目に入りました。

床を磨く作業で使う、ポリッシャーを写した写真が使われています。

いつも通る道でしたが、そのポスターが掲示されている建物の前で足を止めたのは初めてでした。よく見ると、そこは東京都品川高等職業訓練校（現：東京都立城南職業能力開発センター）で、ポスターには「入校生募集」と書かれていました。たくさんの科が書かれていましたが「ビル衛生管理科」（現：ビルクリーニング管理科）の文字を見つけて、「これだ！」と思いました。

清掃を教えてくれる学校があるなんて。

その足ですぐ、建物の中へ入っていきました。

第3章

羽田空港で働きたい

⁘清掃が学べる！　退職して職業訓練校へ

建物に入ると、ビル衛生管理科の教室を探しました。

今思えば、まず受付で尋ねるべきだったのかもしれません。そんなこともわからないまま、私は校舎の中を歩き回ってビル衛生管理科の表示のある教室を見つけて、その扉を叩きました。

そこには一人の先生がいました。

「ここは、清掃を教えてくれるんですか？　私、ここに入りたいです」と伝えると、先生から「何歳ですか？」と聞かれました。

その時、私は24歳でしたが、当時、職業訓練校に入学するには45歳以上という年齢制限があったのです。

「あなたはまだ若いよね。今は何をしているの?」と聞かれて、「働いています」と答えると、「それじゃ入れませんよ。ここは失業保険をもらいながら勉強するところだから」と言われました。

「どうしても入りたいんです。会社はすぐ辞めます」

この学校で学びたい。その一心でした。

話しているうちに、先生は私が帰国子女であることに気づいて、その枠での応募手続きを進めてくれました。

この先生が、入学後も担任として指導にあたってくれた大嶋洋司先生です。

先生は、清掃のほか、機械や電気関係など同校の全科目に詳しく、「ここで学べることがこんなにあるんだ、この先生からいろんなものを学べるんだ」と期待で胸がいっぱいになったのを覚えています。

会社には翌日、社長に「清掃の勉強をしたいので辞めたい」と理由を伝えて退社しました。高校を卒業してから3年半の間お世話になり、正社員として働くことのできた会社でしたが、もう心は決まっていました。

訓練校の入校選考は学科試験と面接でしたが、選考で落ちてしまった場合のことは一切考えていませんでした。そういうところは父にそっくりです。

そして、念願がかなって品川高等職業訓練校のビル衛生管理科に入学することができました。

その期のビル衛生管理科の生徒は私を入れて35人、そのうち女性は5人でした。40代から60代の人が多く、最年少は私で、最年長は72歳の男性でした。

授業では、理論的なことや建築物の材質、洗剤・汚れの種類、日常・定期・特別清掃の基本を学びました。

アルバイトでは学べなかったことも知ることができました。

私はずっと現場で仕事をしてきましたが、どこへ行っても、「これを使って、こう洗って」と指示されるだけ。なぜこの洗剤を使うのか、なぜこの用具を使ってこんなふうに作業するのか、理由はわからないままでした。

学校では、それを教えてくれる人がいて、勉強することができる。ここで学べることは全部覚えようとしました。

けれど、私は日本語が苦手。前よりは話せるようになっていましたが、授業では初めて耳にする言葉がかなりありました。

頭で理解できていないことは、目で見たり実際にやってみたりしてカバーするように努めました。

例えば、素材と洗剤の組み合わせについて学ぶ時、学校にない素材は写真で見たり、いろいろな施設に行って実際に見たり触れたりして覚えました。その分、他の生徒よりも、かなり時間がかかったと思います。

困ったことがあると、大嶋先生に支えてもらいました。先生は「ああ、そうかぁ」とやさしく真剣に話を聞いてくれて、安心して相談できました。

日本語がわからなくて授業についていけない時は、目の前でやって見せてくれたり、私にもわかる言葉で説明してくれたり。「これは日本人でもわかりにくいよ」と、上から見下ろさずに指導してくれました。

大嶋先生は職業訓練校の正規の先生ということで、ある種公務員ですが、他の講師の先生方は清掃会社の社長さんがほとんどです。

その世代の方たちは、海外から技術を取り入れて、日本でのビル清掃の基盤を整える過程に携わった方が多く、人材の育成にも熱心でした。

当時だからこそ学べたこともありました。

タイルカーペットがまだ普及していなくて、ホテルや高級マンションなどでは一枚張りのカーペットが使われていました。喫煙する人も多かったので、カーペットにできたタバコの焼きこげを目立たないように染色する技術も学びました。

訓練校での毎日は充実していて、とても楽しかったです。

もっともっと勉強したい

あっという間に半年間の訓練期間が過ぎていき、卒業が近づいてきました。

大嶋先生から「田中（＝旧姓／当時）さん、就職先はどうしますか？」と聞かれましたが、私はまだまだこの学校で勉強を続けたい気持ちでいっぱいでした。

「卒業したくありません」と答えましたが、先生から「全員卒業しないといけないんです」と言われてしまいました。

壁一面に求人票が掲示されています。他のみんなはそこから希望の就職先を探して、進路を決めていました。

私も求人票を眺めてはいたのですが、女性の求人は、ほとんどがトイレの日常清掃でした。

雇用機会の制限につながるため、今は求人票に性別制限は設けられなくなっていますが、当時はトイレという場所の特性もあったのでしょう、性別が記されていました。トイレの清掃は入校する前にいろいろな現場で経験していましたし、学校で新たに勉強したことを生かして、さらにその先に進みたいという気持ちが強くありました。

先生は私の気持ちを聞いてくれて、「それじゃ、ここにある求人は希望に合っていないね」と言いました。

せっかく学校で一生懸命に覚えたいろいろな知識や技術も、その後、使わないままでは忘れてしまう。

私の場合、いつも頭でなく体で覚えようとしているので、余計にその場に止まりたくありませんでした。すっかり先生を困らせてしまいましたが、私の気持ちは変わりません。

先生は、私の話に耳を傾け続けてくれました。

「私は就職しないで学校に残ります」と言うと、「講師になる?」と先生。

「いいえ、私は頭が悪いから講師にはなれません。ただ、ここで学んだ専門的な清掃の勉強をもっと続けていきたいんです」

すると先生は「鈴木先生にお願いしてみたらどうですか? 先生は羽田空港で働いているんですよ」と言いました。

空港? 空港の――清掃?

「行きます、私、空港で働きたいです」

思わず身を乗り出して答えていました。

⁘ 求人票になかった空港清掃の仕事

空港と聞いた時、一家で日本に来た時の、あの成田空港の光景が目の前に広がりました。

広く大きな空港、いろいろな国の人々が歩いていて、彩り豊かな服装や持ち物、きれいでおいしそうな食べ物がたくさん並んだレストラン――。

初めて目にするものばかりでしたから、鮮やかにその時の記憶や印象が残っていました。

学校の実習先としてホテルやオフィスビルなどは行きましたが、空港へは行っていませんでした。そのため、空港の清掃については何も知りません。全く初めての現場です。

ただ、空港で働けば、日本に初めて来た時に出合った、あの自由で豊かなイメージ、空港で見たもの全てを体験したい、手に入れたいという思いを忘れることなく、それを目標に頑張り続けられると思いました。

鈴木先生とは、私が今勤めている日本空港テクノの課長だった鈴木さんです。清掃のことなら何でも知っていて、口数は少ないけれど、どんな質問にも答えてくれる先生でした。毎週、授業を受けていたのに、先生が空港で働いていることは知りませんでした。そのぐらい夢中で、必死になって勉強していました。

さっそく鈴木先生に「先生が勤めている会社で、私を雇ってもらえませんか？」と尋ねました。

「うちの会社は社員を募集していませんし、募集する場合でも男性しか採用しません」

素っ気なく断られてしまいました。

「なぜ女性はダメなんですか？　男性と同じ仕事を同じだけやります。どうしても空港で働きたいんです。だからお願いします」

先生から正当な理由を聞かない限りは引き下がれません。

その時の私の進路には、他に選択肢などありません。なんとしても働かせてもらえませんかと、訴え続けました。

数日後、先生が「面接にいらっしゃい」と日時を伝えてくれました。

面接試験の日に会社を訪ねると、先生が対応してくれました。けれど、ただ雑談が続くばかりで、いつになっても面接試験が始まりません。

だんだん不安になってきて、「先生、いつ面接してもらえるんでしょうか？」と尋ねると、「それはこの間終わっています。あなたは採用です」と言われました。

「本当ですか？　ありがとうございます。頑張ります！」
私にとって、唯一無二の希望がかないました。目の前に一本の道がひらけました。

⁘ 男女差はいらない

職業訓練校を卒業し、日本空港テクノで働き始めました。まずはアルバイトからのスタートです。

日本空港テクノは、羽田空港の施設管理全般を行っている会社です。電気・空調・給排水などの設備管理、環境衛生管理、その他、建築・工事など幅広い業務がありま す。私は環境衛生の清掃部門、機動班に配属となりました。

けれど、勤務初日に納得できないことがありました。

機動班のスタッフは男性ばかりなのだろうと思っていましたが、長く勤務している、私よりずっと年上の女性社員たちがいました。

中村主任から「機動班のメンバーみんなにあいさつしてきてください」と言われて、私は年齢性別関係なく、近い距離にいた人から順番に「今日から入りました田中です。よろしくお願いします」とあいさつをしました。

みんな「よろしくお願いします」と応じてくれたのですが、女性の先輩社員の一人は、私があいさつすると、何も言わずに立ち去ってしまいました。私は過去に無視された経験もあったので、相手が私と会話しようとしないならこちらもしなければいいと思って、気にしないようにしました。

朝のミーティングが終わり、みんなで高所作業の現場へと向かいました。

移動中、新人の自分が率先して動かなくてはと思って先に立とうとすると、その先輩から「あなたは後ろ。男性がいる時は、後ろに下がって歩くように」と注意されました。後ろに回りましたが、なぜなのかわからないままです。

現場に着いて、天井に設置された蛍光灯の清掃を始めました。

脚立に乗って蛍光灯を取り外す役目、それを受け取って拭き取る役目、その間に脚立を支える役目。役割を交代しながら次々と進めていきます。

私が「脚立に乗る作業もやらせてください」と言うと、その先輩から「脚立に乗る作業は男性がやるもの。あなたは下で支える役目」と言われました。

先輩の指示とはいえ、これには納得できませんでした
私は清掃の仕事を覚えるためにこの会社に入ったのに、男性と同じ作業ができないなんて。お給料も分かれていないのに、なぜ男性と女性で仕事が違うのか理由がわかりません。

次は役員室での床洗浄です。その先輩が大きなソファーを抱えて運び出していました。出入口も狭く、小柄な体で大変そうだったので、「先輩、お手伝いします」と声

をかけると、「邪魔、どいて」。

なんとか一日の業務が終わると、その先輩が「この後、みんなで飲みに行くけど、あなたは？」と声をかけてきました。

私はわけがわからなくて、「先輩、私は何かいけないことをしましたか？」と尋ねると、「男の人は立てないといけないのよ」と言うばかり。私が、自分は清掃の仕事を身につけたくてこの会社に入ったことを伝えても、聞いてもらえません。

納得できないままに、先輩の後について飲み会へ行くと、それは私の歓迎会でした。

上司となった鈴木課長に「私は清掃の仕事を覚えるためにここへ来たので、男性が担当している仕事もやらせてもらいたい」と相談しました。

先輩から、日本では「女性は男性の三歩後ろを歩くように」という考えがあることも聞きましたが、「女性だからやってはいけない、というのはおかしくありませんか」と訴えました。課長に承認してもらい、高所の作業も行えるようになりました。

新しい職場での初日、黙って先輩に従う人が多いかもしれません。

私は子どもの頃から、人に迷惑をかけないように、自分で生活していけるように、と親に育てられてきました。自分の力で生きていくため、手に職をつけること、働いて稼げるようになることが必要だと学びました。中国にいる時、仕事上で男女で差を感じた経験もありませんでした。

仕事を覚えるのに制限があるなんて、正当な理由を聞かなければ納得できないと思い、課長に話しました。

その先輩はしばらく口をきいてくれませんでしたが、何度かの衝突を経て、今では一番の仲良しになりました。

なぜあの時、そんな態度をとったのか、後に先輩に尋ねると「鈴木課長から『今度、清掃経験が豊富で職業訓練校を卒業した若い女性が入ってくるからよろしく』と言われたけど、私たちだって10年以上この仕事をしてきたのに……と思ったから」と言われました。

その後、先輩とは相談しながら一緒に働きました。

以降も私以外の女性の先輩社員たちは脚立に乗らずにいましたが、男性社員がいない時に、高所作業が必要になったことがありました。そうすると、先輩が脚立に乗って作業しようとしたのです。後輩より先輩の自分がやるべきだと思ったのだろうと思います。それで私が「先輩、私が上を担当します」と声をかけると、代わったものの、心配そうにずっと見ていました。先輩はかわいいと思いました。

初日の先輩の言動は、いじめではなかったのだなと、だいぶ後になってからわかりました。

意見が違っても、一緒に働き続けているうちに、相手のことが少しずつ理解できるようになっていくんだなと、大変勉強になりました。

ビルクリーニング技能士に

職業訓練校に通っていた時に、大嶋先生から「清掃の仕事をずっと続けていくなら、関連のある資格は全部取ったほうがいいよ」と言われました。仕事をしていく上で有利になるし、実力を示す証明にもなるから、とアドバイスしてくれたのです。

清掃の資格は、「ビルクリーニング技能士」「清掃作業監督者」、「清掃作業従事者研修指導者」、「建築物清掃管理評価資格者（インスペクター）」などさまざまありますが、その基礎となるものは訓練校でしっかり学べたので、順を追って取得していける自信がありました。

ただし、資格取得には講習料や受検料がかかります。

私はお金の余裕がないので、鈴木課長に「資格を取るために必要なお金を貸してください」と相談しました。

いずれ返そうと思ったのですが、課長はどんどん試験に必要な講習を受けさせてくれて、会社が費用を全て負担してくれました。そのおかげで、私は自分の清掃の知識や技術をどんどん広げていけるようになりました。

今年はこれ、次はこれ、というように資格取得にチャレンジしていったのですが、その最初がビルクリーニング技能士の資格でした。

日本空港テクノで働き始めたその年に、ビルクリーニング技能検定を受検しました。

ビルクリーニング技能士は、清掃のプロを目指す人なら一番に取得するべき国家資格です。

2016年度以降、複数等級（1級、2級、3級、基礎級）となりましたが、当時は単一等級の頃で、今の1級にあたる資格のみでした。

受検資格は、5年以上の実務経験があること。試験内容は学科試験と実技試験です。

当時、社内で技能士の資格を持っている人は、中村主任を含めて2人だけ。先輩社員たちに「一緒に受検しませんか？」と誘うと、2人が手を挙げてくれました。

学科試験は、環境衛生、建築物の構造や設備、内外装材、機械器具の種類・構造、ビルクリーニング作業法、廃棄物、安全衛生など、かなり幅広い内容から出題されます。教科書や過去の試験問題を読んでは、3人で問題を出し合いました。私は日本語の読み書きが苦手なので、聞き慣れない用語が出てくるとなかなか理解できません。何度も何度も繰り返し問題と答えを読み込んで、丸暗記するようにして覚えました。課長が勤務時間内に試験勉強をすることを許可してくれたので、合間を見つけては勉強しました。

実技試験は、当時は、床の洗浄、ガラス面の洗浄、カーペットの汚れ取りの3つの課題で、それぞれ、正しい手順で、時間配分もしっかり行えるように練習することが必要です。けれど、会社には練習設備がありませんでした。課長に相談したところ、「検討します」と言われました。

先輩たちと、社内で練習ができる広い場所を探し、ごみ処理施設の上のスペースを見つけました。そこを利用させてもらい、自分たちで計測して練習用のコートを作りました。

練習には試験に合わせた用具も必要ですが、十分に揃っていませんでした。

鈴木課長に「用具を買っていいですか」と聞くと、「検討します」。この時、9月に入っていました。

私は職業訓練校で試験に必要なことはひととおり学んでいたので、先輩たちにやり方を教えようと思ったのですが、日ごとに12月の試験日が迫ってきます。

もう待てない！

会社と取引のある問屋さんに注文しました。必要な用具一式、40万円以上だったと思います。

鈴木課長に「用具を注文したので、明日届きます」と伝えると、「許可は取りましたか？」と聞かれました。

「試験の時期が迫ってきて、練習しないと間に合わないと思い、勝手に注文しました」と答えました。

私は当時まだアルバイト勤務だったので、物品購入には書類申請が必要なことさえ知りませんでした。

課長は困った顔をして、「注文は、許可を得てから書類を書いて行うものです」と教えてくれました。

課長に迷惑をかけてしまったので、試験は必ず合格しなければと、かなり力を入れて練習に励みました。

試験の結果は、3人とも全員合格でした。ひと安心しました。

第4章

「日本一」を目指して

⁘ ビルクリーニング技能競技会への出場

なんとかやりくりして生活していましたが、余裕のない状況は続いていました。

どうしたらいいだろう？

そんな時、鈴木課長が「ビルクリーニング技能競技会に出てみませんか？」と声をかけてくれました。

ビルクリーニング技能士の資格を持った人が参加できる、2年に1度開催されている大会です。地区予選を勝ち抜くと全国大会に出場でき、優勝者には賞金が出ます。

「やります！」

賞金が出ると聞いて、すぐに心を決めました。

競技内容は、ビルクリーニング技能士の実技試験の一つ、床の洗浄とワックスがけです。

用具の入ったカートを運び、「清掃作業中」の看板を立てるところからスタート、ごみを取り除いてからポリッシャーで洗浄、吸水バキュームで水を吸い取り、モップで拭いた後にワックスをかけ、用具を片付けるまでが審査されます。

全国の技能士たちが技を競う大会、まさにハイレベルな戦いです。

それからはひたすら練習の毎日です。

指導は課長にお願いしました。

夕方5時半に仕事が終わると、休憩なしで夜の9時半まで練習です。規定の作業を行うのに、だいたい25分くらいかかります。その後、課長から「ここが良くないね。それはこうやるんですよ」など指導を受けたら、また最初から作業を行って、また見てもらいます。その他、1回ごとに片付けや準備の時間も必要で、1

日平均5回ほど繰り返し練習しました。

課長や先輩たちに練習を見てもらえない土日や祝日などは、職業訓練校の時にお世話になった業界の先生方に協力をお願いしたり、他社の練習場を使わせていただいたりしました。

食事の時間を工夫して、睡眠時間も減らして、とにかく練習を重ねて1位を目指しました。

来る日も来る日も、大会当日の朝も練習しました。

⁘「君にはやさしさがたりない」

けれど、地区予選の結果は2位でした。

緊張はしましたが、大きな失敗もせず、練習どおりにできたつもりでした。

それなのになぜ？

2位の賞状をもらっても、少しも嬉しくありませんでした。自分に対して怒りがとまりませんでした。

私は負けず嫌いの性格です。目指していたのは1位だけ。

2位までの選手が全国大会に出場できるので私も出場権は得られたのですが、地区大会で1位になれなかった理由もわからないのに、全国大会で1位になれるわけがありません。

そんな自分の状況が腹立たしく、いらだつ気持ちを抑えられません。

「何がいけないんですか？　教わったとおりにやったのに」

課長に疑問をぶつけると、

「あなたはやさしくないから」

思いがけない答えが返ってきました。

やさしくない？　どういうこと？

一人で作業をしているのに？　周囲に誰もいないのに？

「何に対してやさしくするんですか？」と尋ねると、「大会を見に来てくれたお客様を楽しませましたか？」と言います。

見に来てくれたお客様、見に来てくれたお客様を？

何回も頭の中で繰り返して考えました。

見たい人が見ればいい、見たくない人は帰ればいいだけでは？

「私が楽しませる必要はないでしょう？」と答えると「この大会は、よりたくさんの方にこの清掃の仕事を知っていただくためのものです。――それに、あなたは使っている用具に敬意を払っていますか？」と聞きます。

「用具に対して敬意が必要なんですか？　どれもみんな生きているものじゃないのに。用具は心なんて持ってないじゃないの」

驚いてそう答えると、課長は笑ってしまいました。

「このモップは誰が作ったもの？」

「知らないです」

「では、作った人の気持ちを考えたうえで作業してはどうですか？」

私は用具を使った後、きちんと拭いて元の位置に戻したつもりでしたが、

「あなたの動きにはそれが見えません。十分に気持ちが込められていなければ、表現されないんです。見ている人に伝わりません」と指摘されました。

私は、何をどうしたらいいのかわからなくなってしまいました。

戸惑う私を見て、課長は「まず、自分にやさしくしてください。自分に余裕がなければ、周囲にやさしくすることはできません」と言いました。

私は自分を振り返りました。

この数か月間、毎晩遅くまで休憩なしで、汗だくになるくらいに練習していました。

課長も家に帰らせず、それに付き合ってもらっていました。

(自分にやさしくなければ、心に余裕がなければ、何に対してもやさしくすることはできないんだ……。毎日の仕事、現場作業に取り組みながら、自分にやさしくするには、余裕を持てるようにするには、どうしたらいい?)

このことをずっと考えるようになりました。

ムダな動きを省いて作業をすれば、体力を消耗せずに済みます。

より早く終わるようにと力まかせに作業を急ぐのでなく、もっとラクにきれいにできるように自分の仕事のやり方を見直してみよう。

「やさしい清掃をするには次にどうしたらいい?」

勤務中、現場の様子を観察することから始めました。

空港のロビーを見ていると、小さな子どもが床の上を這《は》っていました。どうしてそんなことをするのだろう? 真似して床を触ってみたら、冷たい。顔を見ると、笑っているから、きっと気持ちいいのだろう。
（体力の弱い小さな子がこんなふうに這うなら、床はもっときれいに拭く必要がある
し、使う用具もきちんと選ばないといけないな）
空港を使う人のために、もっときれいな場所にしようという気持ちを、子どもが教
えてくれました。
これまで私は自分のために清掃していたことに気づきました。
作業する時、周囲のお客様をよく見ていると、「急いでいるんだな」「ここを使いた
いのかも」など、それぞれの方の気持ちも見えてきます。
（じゃまにならないように空いている所から先に進めよう）
「どうぞ」と声をかけると、「ありがとう、ご苦労様」。
お客様からそんなふうに言葉をいただくのは初めての経験でした。

お客様に楽しんでいただくためにできることは何だろう？

私は大勢の人の前に出ると、緊張で顔が赤くなり、表情も硬くなってしまいます。

それでは、見ている方を楽しませるどころか、怖い印象を与えてしまいかねません。

地区予選の時も、きっとそうだったのだろうと思います。

全国大会に向けて、課長は社員を集めて、みんなが見ているなかでの実践練習もさせてくれました。何度か繰り返しているうちに、多くの人が見ていても笑顔を忘れずに動けるようになりました。

また、作業の途中、苦しいなと思ったら、体の向きを変える際に目線をお客様のほうへ移して、ふーっと一呼吸挟むなど、落ち着いて集中するための工夫も取り入れました。


「やさしさが足りない」

課長のその言葉は、あの時、私が尋ねたから聞くことができた一言だったと思います。

「あなたに良くないところがある、ここが良くないんですよ」ということは、上司であっても、なかなか言いにくいことだと思います。

「どうして私が2位なのよ」とすごい剣幕でぶつかってきた私に、課長は正面から答えてくれました。

その言葉を受け取ることができて、本当に良かったと思います。

無心で臨んだ全国大会本番

全国大会の日は、とても不安でした。鈴木課長はアメリカへ出張中で、課長の顔が見られません。

技術では誰にも負けない自信はありました。

この会社で働く前から、いくつもの会社で清掃の仕事をしてきて、日常清掃から、定期清掃、特別清掃までオールマイティーに技術を身につけてきました。

大会ではそれに加えて「見せる」ことが必要ですが、その見せる気持ちさえ備えれば、絶対に負けることはないと思っていました。

課長に指摘された内容はこれまでの私の頭の中にはなかったことでしたが、それをクリアできて緊張も解けたら、絶対に1位が取れるはずだと思いました。


そして、本番。

私は自分の順番が来るまで、他の選手の演技は見ずに、頭の中で作業の手順を繰り返して復習し、心を落ち着けました。

いよいよ私の名前が呼ばれ、手を挙げて、コートに向かいました。

全ては、何十回、何百回も繰り返し練習した作業です。

いつもの手順で、体の動き、用具の使い方など、ミスなく行うことができました。

今回は、会場のお客様を見る余裕もありました。笑顔も忘れずに、前を見る時には必ず、目で皆さんに「こんにちは」というように、しっかりと見ました。

終わった後、映像が再生されるように、自分の動きをひととおり振り返ることができました。

地区予選の時と違って、課長が指摘してくれたことも意識して実践でき、技術面やスピードの面もクリアできました。

間違いなくできた、という実感があったので、評価はもうどうでもいいという気持ちになりました。

それでも、結果発表の時は、やはり気持ちは落ち着きません。

下位の賞から発表されていきます。他の選手が次々と呼ばれていくなか、じっとしていました。

「1位、労働大臣賞、田中春子さん」

アナウンスされた時、私の名前が呼ばれたとは思いませんでした。

聞こえてはいたのですが、混乱して聞き間違いか何かのように感じてぼんやりしていると、「田中さん、田中さんだよ」と先輩や周囲のみんなに押し出されるようにして、壇上に向かいました。

大きな表彰状をいただいて、そこに書かれている労働大臣賞という文字を見て、これが1位の賞状だと思った途端、足がガタガタ震え出しました。カメラマンや取材記者に囲まれて、さらに慌ててしまいました。

とにかく鈴木課長に報告しなくてはと思い、先輩に電話をつないでもらいました。

「1位取ったよ」と伝えると、

「うん」

課長はとても落ち着いていました。

「え？　1位取ったのよ」と思わず繰り返すと、「最初からわかっていましたよ」。

「見てないのになんでわかるのよ、わかってるのよ」

大会直前の練習でも「まだまだここがダメ」と言われていました。これまで一度も課長から褒めてもらったことはありません。

電話口で課長の言葉を聞いて、涙が止まりませんでした。

やっと認めてもらえた、と思いました。

その時、初めて、私には居場所がある、と感じました。私は私だということを、本当に感じることができました。

ビルメンテナンス業界の講師に

全国ビルクリーニング技能競技会で優勝してから、業界団体での講師の仕事も務めるようになりました。このころに結婚して、田中姓から新津姓になりました。

業界団体の講師は、全国ビルメンテナンス協会、東京ビルメンテナンス協会、建築物管理訓練センターが開催している清掃関連の講習会で、受講者にビル清掃の技術を教える仕事です。

受講者は、業界で働く清掃スタッフの方たち。会社の枠を超えて広く指導する機会をいただいて、改めて自分が人に教えることが好きなのに気がつきました。

基本の知識や技術に加えて、作業を行う人や現場の状況に合わせた工夫、コツが大事なことは、この仕事を続けてきた自分自身がよくわかっています。こういう時はこの用具をこう使うと良いとか、それとこれを組み合わせるときれいになるなど、ちょっとしたコツがあります。

自分の知識や技術を更新しながら、教える相手とともに成長することができる講師の仕事にやりがいを感じました。

１９９９年には講習を受けて、職業訓練指導員免許も取得しました。私が卒業した職業訓練校の指導員になるための資格ですが、指導の方法や教わる側の心理などを学ぶことができました。

私の所属先はその後も変わらず機動班でしたが、時とともに担当する仕事の量が増え、責任も増し、新しい後輩たちが加わりました。2004年に第2ターミナルがオープンする時は、班のみんなで立ち上げに携わりました。

第2ターミナルの出発ロビーの一画は、自社で清掃しています。

通常、ロビーのような場所はパートナー会社さんに委託しているのですが、第2ターミナルでは、あえて自社で作業するスペースが設けられました。

理由は、その場所の状態を空港内の清掃レベルの基準とするためです。

例えば、どこまで仕上げればいいのかパートナー会社さんに説明する時に、「私たちがやっている所を参考にしてください」と伝えることができます。言葉だけでなく、目で見える形で示せます。

また、社内のスタッフを教育するための場所としての役割もあります。

当時、私は社員の技術指導も担当していましたが、それにはしっかりと実践できる現場が不可欠です。

社内のスタッフは、パートナー会社さんに負けないように技術を身につけて、その場所の清掃品質をしっかりと維持することに努めなければなりません。

以来、20年が過ぎましたが、今もみんなで頑張って高い品質を守り続けています。

2010年には新国際線（現：第3）ターミナルがオープンし、羽田空港は首都圏の国際空港となりました。

第2ターミナルも拡張されて国内線の便数も増え、空港はさらに多くのお客様をお迎えし、進化を続けています。

✣ 先輩社員の突然の死

そのようななかで、悲しい出来事もありました。

課長になっていた中村課長と私はともに業界団体の講師を務めていました。社外でも一緒に行動する機会が多く、私にとって、入社以来ずっとお世話になってきた直属の上司であり、身近な先輩でした。

その中村課長が、45歳の若さで突然亡くなってしまいました。

若いからこそ病気の進行も早かったのかもしれません。膵臓《すいぞう》がんでした。

課長は入院後、延命治療は一切せず、生まれ育った沖縄へ帰ることを希望して実家で療養していました。

赤岩次長（当時）と一緒に、沖縄へ2度会いに行きました。

中村課長との思い出はたくさんありますが、なかでも印象に残っているのは、私がこの職場に来て間もない頃、初めての現場へ課長に同行してもらった時のことです。

会社の社員寮の清掃も機動班の担当で、中村課長（当時は主任）の運転する車に乗せてもらって作業しに行きました。

共用トイレを清掃しようと中に入ると、その汚れのひどさに思わず声をあげてしまいました。あちこちに汚物が固まっていて、嘔吐物もそのまま。悪臭が立ちこめ、虫もわいていて、どこから手をつければいいのかわかりません。そのトイレは水の出が悪く、清掃に入るのも週に1度なので、汚れが進んでしまっていたのです。

すぐに中村課長が「どうした、どうした?」と駆けつけて来てくれて、「なんだ、そんなことか。こうやってやれば大丈夫だよ」と、水を汲んできては流し、汚れの中に分け入ってどんどん手を動かしながら落としていきます。

私は驚きながら、その潔さにすっかり感心してしまいました。以後は私もひるまず作業できるようになりました。

今では、どんなに汚れた現場でも、その分必要な装備をして作業にあたればいい、と考えて取り組んでいます。

当時の私のように後輩たちが戸惑っている時には、私が「こうやってやれば大丈夫」とやってみせられるようになりました。

その最初の一歩を踏み出せたのは、中村課長のおかげです。

⁘ 恩師の常務まで

常務になっていた鈴木常務とは、私は空港の外での仕事が増えて、会う機会がほとんどなくなりました。ある時、私が帰社して歩いていると、常務の姿が目に入りました。隣接している、親会社の日本空港ビルデングへ報告に来ていたようです。

常務なら、遠くからでもその歩き方ですぐにわかります。

「鈴木常務！」と声をかけると、こちらを向いてくれましたが、顔を見ると白目が黄色になっていました。「常務、何か目が変だよ。どうしたの？」と尋ねると、「明日入院なんですよ」と言います。

一目見てわかるほど体調が悪いのに、入院前日まで仕事をしていたそうです。最後まで実績を作ろうとしていたのだろうと思います。

常務は親会社の日本空港ビルデングに入社して、羽田空港のターミナルビルの運営管理を担当、日本空港テクノの立ち上げにも一から携わった方です。

英語も堪能で、定期的にアメリカへ視察に行き、海外の清掃のシステムを学んでは、その先進的な技術や機械などを取り入れていました。

羽田空港の清掃のみならず、ビル清掃の業界も牽引《けんいん》した一人だと思います。

ビルクリーニング技能士の資格制度ができる前から、清掃スタッフの知識や技術、地位の向上に熱心に取り組んでいました。

でも、普段、そんな様子は表に見せません。本当に口数の少ない方で、ときどき口を開いて言うことも、ポツポツと単語ばかり。しかも小さい声で、何を言っているのかよく聞き取れないほど。

ビルクリーニング技能競技会の地区大会後、やさしさが足りないことについて教えてもらった時も、「何がいけないのか、もっとわかりやすく説明してください」と、強く言って、やっと言葉一つ。

以前、一緒に飲み会へ行った時、社員のみんながワイワイ話しているのを見守りながら、常務はいつも奥に座って静かに飲んでいました。

常務は度数の高いお酒を何杯も飲むので、心配に思いながら「常務の最期は、お棺じゃなくて酒樽につけたほうがいいよね」と冗談を言うと、「そうしてほしいね」と言っていました。そのくらいお酒が好きでした。

入院中、3度お見舞いに行きました。

1度目は普通におしゃべりができました。2度目は話すことはできても雰囲気が違っていました。「この人はたぶんもう、どこかへ行ってしまうんだ」と感じました。

3度目に訪ねた時はほとんど意識のない状態で、その翌日に亡くなりました。

中村課長が亡くなって、3年後のことでした。

⁘ 別れを越えて

常務が亡くなった時、この会社で働き始めて10年以上経っていました。

日本との出会いの場所、憧れた夢の空港は、私の居場所となっていました。

そして、この空港を自分の家のように思いながら、訪れるお客様に気持ちよく過ごしていただけるように、おもてなしとして心を込めて清掃に励むようになりました。

常務が亡くなってから、初めて知ったことがいくつもありました。

生前、常務は周囲の方たちに「新津の面倒を見てあげてほしい」と言ってくれていたそうです。

部長になった赤岩部長をはじめ、社外でも業界団体で講師を務める方など何人もの方から、そのように聞きました。そして、みなさん、常務の言葉のとおり、私のことを助けてくれました。

会社で常務の机周りを片付けていると、膨大な量の資料が出てきました。常務が集めた清掃に関する本や雑誌のほか、手書きのノートや写真もたくさんありました。ノートは細かい文字でぎっしり書かれていて、清掃作業の手順や常務が感じたことなどが記されていました。

常務の清掃に関する知識の量はものすごくて、相当勉強されたとは思っていましたが驚きました。それらの資料は今も社内に保管してあります。

常務が私たちに教えてくれたこと、残してくれたものはたくさんある。

私は、もっともっと勉強して、次の世代に引き継いでいかなくちゃ、と思いました。


奥様にお願いして、いろいろな遺品の中から常務の写真を1枚いただきました。

写真を財布の中に入れて、仕事で自分の気持ちが整理できない時などに眺めたりして、良いことも悪いことも毎日報告していました。

夢の中にもよく現れていましたが、ある時、その財布ごと失くしてしまってからは、二度と現れなくなりました。

財布が見つからなくなってしまったのは、もしかしたら、常務に「もう報告しなくていいよ」と言われたのかな、独り立ちするようにという意味だったのかなという気がしています。

第5章

世界一清潔な空港

✣ はじめは意識していなかった「世界一清潔な空港」

イギリスに拠点を置く航空産業の格付会社・スカイトラックス社が毎年実施している国際空港評価に、「World's Cleanest Airports」という空港の清潔さを評価する部門があります。

羽田空港が初めてその1位に選ばれたのは、2013年です。翌年の2014年も選ばれました。

世界の数ある空港の中から頂点に選ばれることの重みを今は実感していますが、はじめの頃は、私はほとんど意識していませんでした。

広報で制作したポスターが社内に掲示されていて、それを見かけたくらい。ほとんど気に留めずにいました。

というのも、この評価は「この日に調査員が訪れて審査します」というものではありません。いつでもきれいに快適な状態を維持することができているか、日々の状態を問われるもの。

加えて、当時、私は課長代理として、空港内の業務のほか、会社が受託している空港外の清掃現場の管理業務も担当していて、社内外を慌ただしく行き来していました。その頃は特に、求人を出しても応募者がいない状態が長く続き、各現場の清掃スタッフが足りない分、自分が代わって作業にあたっている時間も多かったので、情報があまり耳に入っていない状況だったと思います。

NHK「プロフェッショナル　仕事の流儀」の取材が始まったのは、ちょうどそんなタイミングでした。

社内でインタビューを受けていた時、ディレクターさんから「このポスターは何ですか？」と質問を受けました。私の背後にあのポスターが貼ってあり、それに目を留めてくれたことがきっかけでした。

それで「羽田空港は2013年から世界一清潔な空港に選ばれているんですよ」と答えたのをきっかけに、羽田空港の清掃品質の高さと私の仕事を重ねて撮影してくれました。

以降は、ポスターを社内だけでなく、空港を利用されるお客様にご覧いただけるエリアにも掲示するようになりました。

⁘今や羽田空港の代名詞に

2015年の1位は韓国の仁川《インチョン》空港で、2位が羽田空港でした。

社内では「当然、今年も……」という思いはありましたし、周囲からの期待にも応えられなくて、残念で悔しかったです。

振り返ってみれば、あの年は、空港ロビーを巡回しているとごみが床に落ちていることが多かった記憶があります。

大きな人事異動もあり、現場と管理側の足並みが揃いづらかった面などもあったかもしれません。

羽田空港は３つのターミナルからなり、現在、第１ターミナルが約29万平方メートル、第２ターミナルが約34万平方メートル、第３ターミナルが約27万平方メートルあります。

面積が広い上に、空港は清掃する場所が多く、建物内はもちろん、大きな窓ガラスや自動ドア、バスやタクシー乗り場などがある外周部分なども清掃箇所です。

私は日本空港テクノの社員ですが、羽田空港の清掃を行っているのは１社だけではありません。10社を超えるパートナー会社さんの協力のもと、500人以上の清掃スタッフが作業にあたっています。

清潔な空港世界一は、誰がいつ何を見てどのように判断するのかわかりません。常日頃から、いかに空港を訪れる方に心地よさを提供することができているか——。

他の空港との競争というより、自分たちの毎日の努力とその連携によって左右されるものだと思います。

翌年の2016年は再び1位となり、その後は2024年まで9年連続で1位の座を守っています。「世界一清潔な空港」は今や羽田空港の代名詞となり、多くの方に注目いただいています。

羽田空港で働いているスタッフなら誰もが、これからもずっと維持していきたいと思っているでしょう。

私自身、当初はその評価をよく知らないで、ただお客様が過ごしやすい環境を一生懸命に作ろう、きれいにしようと思っていただけでしたが、その心を、意識を空港のスタッフみんなで共有できていることが、結果につながっているのではないでしょうか。

1位を受賞すると記念の盾が贈られるのですが、私は2018年にスウェーデンで行われた授賞式に親会社の日本空港ビルデングの会長、社長とともに出席しました。初めて自分の手で盾を持った時は、嬉しいというより、今年も受賞できたことにホッとした気持ちのほうが強かったです。社長から「また盾を取りに来られるように頑張りましょうね」と言われて「絶対取ります、頑張ります！」と答えたのを覚えています。

羽田空港を支える清掃スタッフみんなで頑張った結果だからと、気持ちばかりですがおみやげを買って帰り、帰国後、パートナー会社の責任者の方に集まってもらって、盾を披露して一緒にお祝いをしました。

1993年に第1ターミナル、2004年に第2ターミナル、2010年に国際線の第3ターミナルがオープン。2020年には第2ターミナルに国際線施設が加わりました。

私が入社した1995年から、空港はどんどん変わり続けています。

その変化にスタッフみんなで対応することによって、清潔な空港が維持できているのです。

第6章

表舞台へ

⁘ 当時の私は複数箇所の責任者を担う多忙な状況だった

ＮＨＫ「プロフェッショナル　仕事の流儀」の取材があった時、私は課長代理として、仕事も増えて慌ただしく過ごしていました。

機動班に所属しながら、ビルクリーニング技能検定を受ける社員や新入社員への指導、パートナー会社さんの作業品質の評価や改善を行う清掃インスペクション、会社が受託している空港外の現場のエリア担当などを行っていました。

私が勤める日本空港テクノでは、商業施設や庁舎、社寺やスポーツクラブなど、羽田空港以外の現場の清掃業務も請け負っています。

各現場にはスタッフを率いる責任者がいるのですが、そのサポートをします。労務管理や実技指導、インスペクションを行ったり、相談に応じたりします。

スタッフの採用業務から入社後の労務管理まで全てを担って、しっかり現場が回るように運営していかなければなりません。

各現場で勤務しているのはアルバイトやパートのスタッフです。欠員が出た場合はすぐに求人を出すのですが、なかなか応募が来ないことも少なくありません。

その間、現場に穴をあけるわけにはいきません。現場責任者が入って対応しきれない時は、私も現場に行って作業にあたります。

取材の依頼があったのは、ちょうどそんな時でした。

当時は欠員が4名も出て、募集しても誰も入ってきてくれない状態が長く続いていて、おそらく入社後、一番私が余裕のない時期だったと思います。

朝早く家を出て現場へ直行して、昼間は空港を出たり入ったり、帰宅時間も遅くなりがちで、家には寝に帰っているような毎日でした。

夫が心配して声をかけてくれましたが、私にとって仕事は大切。とにかく欠員をカバーしなければと必死に現場を駆け回って対応しました。

✣ 最初は私以外の人に頼むつもりだった

「プロフェッショナル　仕事の流儀」の番組取材のため、NHKのディレクター・築《つき》山《やま》氏が全国ビルメンテナンス協会を訪れて、「日本一の清掃員はいませんか」と尋ねた日、私はちょうど協会のあるビルメンテナンス会館内の研修場で、清掃実技の指導をしていました。

協会は、最年少（当時）で全国ビルクリーニング技能競技会1位を取っていたことから、ディレクターに私を紹介してくれたのですが、その時私は毎日の業務で精一杯の状態でしたから、「私は取材を受けられません。無理です」と断りました。

「では、これを会社の上司の方に渡してもらえませんか」と言われて、取材の依頼書を持ち帰りました。上司に渡す際「私は受けられませんから、他の人にお願いしてくださいね」と伝えました。

その後、突然ディレクターから私に電話がかかってきて「新津さん、会社から許可が下りたので撮影に行きます」と言われて驚いて、「どうして私に連絡が来るの？　私は断りましたよ」と答えたのですが、「いいえ、取材対象は新津さんですよ」と。

「それなら、わかりました。私が皆さんの取材の都合に合わせる余裕はないので、私の仕事の時間に合わせて取材に来てくれるならいいですよ。ただ、私は作業を進めなければいけないので、その邪魔はしないでくださいね」とお願いしたら、「わかりました」ということで、取材が始まりました。

ディレクターに清掃用語や作業に使う洗剤や用具について説明していると、その日の仕事が終わらなくなってしまうので、ディレクターに「まず、この本を読んでください」とビルクリーニング技能士の資格試験の教科書をお渡ししました。厚さが2㎝

くらいある本ですが、その翌週には「全部読みましたよ」と言われ、しかもちゃんと頭に入っていてびっくりしました。

取材中に私が言ったことやその時に自分が思ったことなどを書き留めたノートは5冊、それを使いながら映像の編集作業にあたったと聞きました。

放送前にその映像を見せてもらって確認した際、ナレーションの直しは1文字もありませんでした。私は言葉で表すのが苦手、うまく話せていないことも多いのに、私の思いや考えをディレクターが全て理解してくれていました。

そして、世界一清潔な空港に選ばれた羽田空港のことも、しっかりと取材して伝えてくれました。

空港の床はワックスを塗らずに研磨して表面の光沢を保っているのですが、その上にホコリが溜まっていたのに気づいて作業しようとした時、カメラを向けるとホコリが映りません。天気にも恵まれなくて、何回も何回も繰り返して撮れました。

冷水機の汚れを落とす場面もその過程を映像で表すのは大変で、ディレクターにカメラマン、照明や音声など、皆さんとのチームワークで映せました。

⁘予想外の反響

放送前、これほど反響があるなんて誰も思っていませんでした。私はもちろん周囲のみんなもそうでした。

清掃業界がメディアで取り上げられる機会は少ない上、「人気番組の『プロフェッショナル　仕事の流儀』に新津さんが出るって、どんなふうに?」と、不思議に思う方が多かったのではないかと思います。

番組が放送されたその日の夜から電話が鳴り続けて、社内はもう大変でした。

メールが1日に何千件という数で届いて、はがきや手紙も連日届きます。最初は「そのうちに落ち着くから大丈夫」と言われていましたが、どんどん増えていきます。番組を見た感想が書かれていたり、問い合わせの内容だったり。答えきれなくて、「どうしよう、どうしよう」とあせって戸惑うばかりでした。

総務部の部長から「新津さんはどうしたい?」と聞かれて、「1件1件、返事をしてほしい」と答えると、会社がすぐに動いて対応にあたってくれました。

たくさんの感想をいただきましたが、その中で私が一番嬉しかったのは、「これから清掃員に『ありがとう』と声をかけたいと思います」という言葉でした。

清掃は社会的に評価されにくい仕事かもしれませんが、私はこの仕事が好きですし、この仕事をすることでお給料をもらって生活しています。

今清掃の仕事に携わっている方も恥ずかしがったりしないで、「私は清掃員です」と、この仕事に自信を持って取り組んでもらいたいなと思っています。

放送後、私の仕事は180度変わった

番組の放送後、私の仕事はいっぺんに変わりました。

まずは取材の対応です。新聞、雑誌、テレビ、ラジオなど、メディアからの取材が毎日のようにありました。

そして講演会。学校、会社、各地の自治体などからたくさんの依頼をいただいて、3日に1度の頻度でいろいろな場所でお話をするようになりました。

私が空港館内に出ると、番組を見たたくさんの方が声をかけてくださって、これまでどおりに仕事をするのが難しくなって、直接的な清掃の管理業務から外れました。

私も会社も、状況の変化に応じるのに精一杯でした。

講演も大変でした。

総務部の部長が、取材や講演などの仕事をサポートする担当になってくれたのですが、部長はとても社交的で行動派。飲み会の幹事になったら、行き先のお店はすべて調査して、2次会でディスコへ行くなら踊りまで覚えて準備するくらいの人です。

講演なんてどうしようと困っていると、部長が大丈夫だよと声をかけてくれました。私が「大丈夫じゃないのよ、しゃべれないのよ」と言うと、「雑談ならできるでしょ？あまり構えないで、雑談会と思えばいいんじゃないかな」。「それじゃ、一緒に行ってもらえますか？」と部長にお願いして同行してもらったのですが、いざ会場に行って壇上に立ったら「新津です」の一言で終わり（笑）。顔が真っ赤で、全身震えてしまって、どこを見たらいいのかもわかりません。

いろいろな方が話を聴きに来てくれていて、その方たちがどんな表情をするのか不安になってしまい、それで余計に話せなくなってしまいます。でも、不安に思えば思うほど、自分の言いたいことは伝わりません。

ならば、もう自分中心でいいから「自分が話したいことを話そう、どう思われようと気にしないようにしよう」と心に決めて臨むようにしました。

それからだんだん話せるようになりました。

「自分は自分、それに、皆さんも私の話を聴きに来てくださっている。それなら堂々としていいんじゃない？」と思いました。私のそのままが伝わってそれでいい、と考えるようになりました。

そんな毎日が2年くらい続きました。

「プロフェッショナル 仕事の流儀」の番組出演はその後も続いて、5回出演しました。他局の番組にも多数出演し、イギリスBBCにも出演しました。

ラジオの出演は「ラジオ、え？ 私の言葉はまとまってないのに？」と戸惑いました。当時は今よりうまく話せなかったけれど、それでも挑戦しました。

⁘ 社内唯一の「環境マイスター」

この頃、会社から「環境マイスター」という称号をもらいました。

環境マイスターの主な役割は、新入社員や全国ビルクリーニング技能検定を受検する社員たちへの指導、羽田空港の清掃品質のさらなる向上、環境マイスターの後継者育成です。

自分が身につけた清掃の知識や技術を社員に教えるインストラクターの役割はこれまでも担ってきましたが、次の環境マイスターを育てることも私の務めとなりました。

環境マイスターの条件は、全国ビルクリーニング技能競技会で1位になること。

鈴木常務から教わった、仕事に取り組む際の気持ちや心の面も、次の代に伝えていけるように取り組もうと思いました。

そして、空港全体の品質向上のため、3つのターミナルビルを回って清掃作業の品質や管理体制をチェックするインスペクションを始めました。取材や講演のない時間を見つけて、月に1度、実施するようにしました。

まだこの会社で何も成し遂げていない

「プロフェッショナル 仕事の流儀」の番組は海外でも放送されて、中国や台湾から「私たちの会社で働きませんか」といったお誘いもありました。

良い条件を提示してくださいましたが、その場で断りました。

私は、今の会社で、気持ちの面、物や人を思う心を教えてもらいました。

それによって、私の人生が１８０度変わったという認識があります。変わったからこそ、今の自分がいる。私を応援してくれる方も増えて、その方たちのためにも、もっと頑張ろうと思うことができました。

もし、自分がそれを学んでいなかったら――。

それまでも、清掃の技術には自信がありました。

職業訓練校で基礎をしっかり身につけましたし、日本に来てからいろいろな現場で作業してきた経験もあります。だからといって、職場での評価が高かったわけではありませんし、お客様から感謝やお褒めの言葉をいただくこともありませんでした。

特に私の場合は、言葉の面や、書類をきちんと書けないといった面もあり、長所と短所があるような感じなのだと納得していました。

日本ではオールマイティーであることが求められるところがあるように思います。

今、この会社では技術職と管理職の２つの道が分けられていて、私のように、技術はできてもその他が苦手な社員でも、働きやすく、得意な分野で評価を得やすくなりました。

それに何より、常務に教えてもらったこと、どのような心持ちで仕事をするとよいか学んだことによって、今の私があります。だから、今のタイミングでもっと良い給料がもらえる先へ行ったら、私は自分自身を後悔することになると思います。

まだこの会社に恩返しはできていないと考えています。

第7章

ハウスクリーニングをやりたい！

⁘ 気がつくと現場に立つことが減っていた

番組に出演してから、メディアの取材や講演会の依頼の対応が私の主な仕事になりました。

会社から細かい指示や辞令などはありませんでしたが、次々と届くメールや手紙に「新津さんはどうしたい？」と聞かれて、「1件1件返事してほしい」と答えてから、それがずっと続いている感じです。

気がつくと、清掃に直接関わる仕事は、環境マイスターとして月に1度、空港全体の様子をチェックするインスペクションぐらい。実際の清掃の業務、空港という現場からも、距離ができてしまっていました。

清掃の実務や現場から離れていると、新しい情報が入ってきません。清掃に使う用具や洗剤、現場の状況も、時とともにどんどん変わっていきます。離れている間が長くなればなるほど、今の清掃のことがわからなくなってしまいます。入社して20年、空港の現場に携わってきましたが、その根っこがなくなってしまうように感じられて、「私の一番大事なものを取られちゃった」と思いました。

清掃に限らず、会社で長く働いていると、管理職となって現場作業に携われなくなってしまうのは避けられないことだと思います。

でも、私は清掃からスタートしたので、本を書いて、講演会をしていればいいじゃないか、とはならないのです。

別の仕事をしている間に、現場のほうを全く見ていなかったら、今の清掃方法や今の課題が何もわからなくなってしまう。

それで、どうして清掃のプロでいられるの？

私の場合は、管理職になっても、常にインストラクターや環境マイスターという役割を担っています。

人に教える立場にいて、今の清掃がわかっていなければ、相手の役に立てないのでは？

清掃の職人であり続けたいなら、時とともにどんどん変わっていく清掃の現場に合わせて、自分自身もどんどん変えていく必要があります。作業そのものに携わらないとしても、常に今の情報や課題を頭に入れておくことは不可欠。そうでなければ、前に進めない。

清掃の現場作業も並行させて、取材対応や本作り、講演会や環境マイスターの仕事に取り組みたい。その時々に求められるものを提供できるように――。

けれど、もう一度現場に出たいと思ってもすでに他の人が配置されていて、私が受け持てる場所もなくなっていました。

私が本来やるべき仕事が残っていない。

それなら、それができる方向に持っていこう。


私は何をやる？　何ができるのか？

それを考えないといけないと思いました。

⁘講師経験から思いついた「ハウスクリーニング」

社員たちへの指導も、私の後輩たちが育って指導員となり、バトンタッチすることが増えていました。

環境マイスターの後継者の育成は、残念なことにその後、全国ビルクリーニング技能競技会に出場したいという社員がほとんどいません。

わが社では本人の意志が第一です。

「大会に出るなんて恥ずかしい」「全国で1位になるなんてムリ」といった声が聞こえてきますが、もちろん社内に技術の確かな後輩たちは育っています。


一方で、ビルメンテナンスの業界団体での講師の仕事は続けていました。

清掃には、オフィスビルや商業施設、病院、学校などの清掃を行うビルクリーニングのほかに、一般家庭のお宅を清掃するハウスクリーニングがあります。

2010年、新たにハウスクリーニング技能士が国家資格として認定され、2012年に全国ハウスクリーニング協会がその試験機関となりました。

これまで全国ハウスクリーニング協会で指導講師を務めていた先生方が技能検定委員となるなど、協会の体制が一新。

第7章
ハウスクリーニングをやりたい!

私はビルメンテナンスの業界団体で講師を務めていて、過去にハウスクリーニングの経験もあったことから、全国ハウスクリーニング協会の新たな講師の一人に選ばれました。

他の講師の方たちと指導内容を考えたり、実技の手順や方法を確認したりするところから取り組みました。大変でしたが、改めて学べることもたくさんありました。

私がハウスクリーニングの仕事をしていたのは入社前のアルバイト時でしたから、過去の経験を起点に、自分にできることがさらに広がっていく手応えが感じられました。

そして、私にできること、挑戦するべきことが見えてきました。

世界一の羽田空港の清掃品質を生かして、日本一のハウスクリーニングを始めたい。

そう思いました。

⁘ 指導員の立場で受検した国家資格

全国ハウスクリーニング協会の講習会は、ハウスクリーニング技能士を目指す方が多く受講されます。

その方たちに指導するなら、私もハウスクリーニング技能士の資格を持っていたほうがいい。そう考えて、講師になった後、他の受検生と同じように試験勉強をして検定試験を受検しました。

「講師が受検して、もし合格できなかったらどうするの？」

心配して、そんなふうに声をかけてくれる講師さんもいましたが、私は気にしませんでした。

むしろ、試験についてよくわからないままのほうが、自信を持って務められません。

試験は、実技試験7課題と学科試験です。実技はレンジフード洗浄、ダイニングチェア（ウール素材）クリーニング、ステンレス・五徳・ビニルクロス・磁器タイルの汚れ落とし、フローリング床のキズ補修。学科は〇×で答えるものです。

実技の各課題は、どんな手順でどう作業するのが正解で、満点が取れる模範解答なのか、具体的に明かされていません。それは、協会で指導する講師であってもわかりません。

自分が身につけてきたことを実践すれば、きっと大丈夫。

そう思って臨みましたが、結果は不合格。実技試験で、洗剤の表示を見間違えて、使う洗剤を誤ってしまったことに、後から気がつきました。

次こそはと、もう一度受検して、今度は合格できました。

ハウスクリーニングの知識や技術について、確かな自信が得られました。

同時に、会社に提案する準備も整いました。

⁘「日本一のハウスクリーニングの事業を始めたいんです」

ハウスクリーニングの事業を始めたいと思った理由はいくつかありました。

私は常に新しいことにチャレンジして、自分を成長させていきたいと思っています。それは、会社や組織についても同じで、どんどん変化していく時代や社会に合わせて、新しい発想を持って、それを実行していかなければ、成長できないと考えています。

また、日本空港テクノは親会社から羽田空港の管理業務を請け負っています。例えば、この空港に何かあったり、親会社が倒産したりしたらどうでしょうか。空港一本だけではダメ、それ以外の事業も必要ではないでしょうか。

世の中、何があるかわかりません。健康な人でも、突然倒れてしまうこともあるため、保険をかけて備えていますよね。万が一の時のために、他の選択肢を準備するイメージです。


日本空港テクノでも、小規模ながらハウスクリーニングの業務は行っていました。ただし、寮や福利厚生施設の退出清掃のみ、空室時の清掃に限られていました。

これまで一般家庭の在宅清掃は請け負っていませんでしたが、それに取り組むことは、自社の清掃品質をさらに高めることにつながるのではないかと思いました。

ハウスクリーニングは、空港の清掃より、より細かくお客様の要望を聞くことができる。目指す仕上がりも、お客様に満足していただけるかどうかが基準になります。

空港清掃で培ってきたノウハウ、技術はもちろん、お客様への気持ちや思いを大切にしたサービスを提供することは、世界一の品質が認められた空港のさらなる成長へのチャレンジとなる。

私はハウスクリーニングの仕事の経験があり、全国ハウスクリーニング協会の講師を務めていて、国家資格も取得している。自信を持って、他の社員に指導ができる――。

その思いや考えを、自社の幹部に提案しました。けれど、「それほどの事態が起きる可能性は少ないし、事業を立ち上げるのは簡単なことではないよ」と却下されました。

それでも何とか実現させたいと考えていたとき、かつて私が全国ビルクリーニング技能競技会で1位になったとき、当時、親会社の社長だった現・会長から「何かあったら、秘書を通さずに社長室を訪ねていいからね」と声をかけてくれたことを思い出しました。

約20年前の話ではありましたが、私は「これしかない!」と思い、だめもとで実行することにしました。

翌日、親会社の会長室のドアをノックしました。

「羽田空港は世界一清潔な空港なので、ここで日本一のハウスクリーニングの事業を始めたいんです」

会長に、自社で話したことを伝えました。

会長の返事は、一言、

「いいよ」

それを聞いた私は、

「すみません、本当にいいですか?」

と思わず聞き返してしまいました。

⁘ハウスクリーニング清掃員の条件

２０１８年、日本空港テクノ内に、ハウスクリーニングの部署が作られることになりました。

まず、ハウスクリーニングのスタッフを育成するところからスタートです。

スタッフは、「世界一清潔な空港」を支える実力確かなメンバー、社内の機動班から希望者を募り、試験を行って選抜しました。正社員のみでアルバイトはいません。

ハウスクリーニングは個人宅を訪問する仕事です。一軒一軒のお宅によって、環境も違えば、汚れの種類や程度も違います。そして、それぞれのお客様が求めていることも違います。

清掃の知識や技術に加えて、身だしなみやマナー、お客様との応対のしかたなど接客面も重要です。

ハウスクリーニングの場合、お客様が食事をしたり休んだりする生活空間を私たちの仕事空間とさせていただくわけですから、細かい心配りが必要になります。

さまざまな条件をクリアして最終的に選んだのは２人。

社内に、エアコンや洗濯機、システムキッチンなど一般家庭の設備が揃った練習場を整えて、来る日も来る日もそこで研修を続けました。

まずは無償で技術を磨く

スタッフは、練習場でハウスクリーニングの基本技術を身につけた後、約４か月間、社員や知人のモニター宅で実地の訓練を重ねました。

練習場と違って、毎日の暮らしの中で付着するさまざまな汚れに取り組めるうえ、一人ひとりのお客様と生のコミュニケーションが行えることが、何より良い経験になります。

毎回、必ず何か気になることや疑問が出てきて、作業が終わった後、改善に必要な道具を探したり、汚れの落とし方を試したり、その繰り返しでした。

モニターから清掃サービスの内容や仕上がりの感想や要望などを聞かせてもらって、それをスタッフで共有し、たくさんの気づきを得ました。

清掃後、モニター先から「うまく動かない」と連絡をいただいて、確認に行くこともありました。浴室清掃で扉の動きが少し固くなってしまったのを調整したり、エアコン清掃で機械に問題はなかったものの、リモコン操作のしかたをご案内したり。最終チェックやお客様へのご案内の大切さなど、身をもって学ぶことができました。

単に知識として頭に入れるのでなく、体で覚えるためには、とにかく練習の回数を重ねることが必要です。４か月にわたる訓練期間を設けてもらえたことは、今も会社に感謝しています。

これらの準備を重ねて、約半年後、ハウスクリーニング事業部「新津春子のハウスクリーニング　思う心」が発足しました。

土台固めに時間がかかり、それだけ会社にも負担をかけてしまいましたが、目指すのは日本一のハウスクリーニング。

お客様に認めていただける品質第一で取り組み、モニターのアンケートでも「他社では、ここまで心を込めた丁寧なサービスはなかった」という感想をいただけるようになりました。

お客様がスタッフの仕事を見ながら安心できること、納得いただける仕上がりを実現すること。

「思う心」のハウスクリーニングは、さらにもう一つ特徴があります。

その後もきれいな環境を長く維持していただけるよう、お客様に普段の手入れのしかたや清掃方法のアドバイスを伝えています。

少しでも実践していただければ、お客様により心地よく過ごしていただけますし、汚れが軽くなることで次回依頼時の料金を下げることもできます。

事業部の名称「思う心」は、私が名付けました。これは、私が自分に言い聞かせている言葉です。

鈴木常務に「あなたの清掃の仕事にはやさしさが足りない」と言われた時、どうしたらいいいか考えて「自分よりも先に人を見よう。相手のことを思う気持ちがあれば、できるんじゃないか」と思いました。

意味がわかりにくい名称かもしれません。でも、それを説明させてもらうことも大切かもしれないなと思い、この言葉を選びました。

✣コロナ禍で空港清掃が減っても稼働できたハウスクリーニング

開業当初はなかなか仕事が入らず、不安な気持ちでいっぱいになりましたが、翌年にはお客様に恵まれて、手探りで余裕のない状況から脱することができました。

作業後、私たちのサービスや仕上がりに安心していただけると、「また次も……」というお話になって、リピーターになってくださるお客様もあり、そんな時はとても嬉しく、やりがいが感じられます。

そして、２年目を迎えた２０２０年、新型コロナウイルス感染症が日本国内でも広がり始めました。

ハウスクリーニングの事業を会社に提案した時、

「万が一の時のために、空港一本だけではダメ、他の事業も必要では――」

とは思っていましたが、まさかこんな形で思いがけないことが起こるとは想像していませんでした。

新型コロナウイルスの感染拡大は、さまざまな産業が大きな影響を受けましたが、空港にとっても、まさに万が一の出来事でした。

もちろんハウスクリーニング事業部も影響を受けて、その年は4月から6月までの3か月間休業し、受注件数も減りました。

それでも、少しの間とはいえ、空港清掃よりハウスクリーニングのほうが仕事になりました。

空港は利用客がいなくても、開けておくだけで電気代などがかかり、赤字が積み重なっていきます。そのような時にわずかでも収入があることは少しプラスになったのです。

✣人を支えることが私の役目

これまで私はハウスクリーニングと空港ビル清掃をずっとやってきましたが、いずれも、清掃というお客様が自分でできることをサポートするのが基本の基本と考えています。

自分の体は一つしかないから、何より体が大事。

ちょっとした基本やテクニックを、１つ２つ知るだけでラクになることがたくさんあります。それを伝えていくことが私の役目と考えています。

私は一人暮らしを始めた頃、帰宅した後に自分のことができないほどクタクタになって辛《つら》かった時期があります。その時は良いやり方やコツをよく知りませんでしたし、他の人にやってもらうお金もありませんでした。

これは当時の私だけではなく、社会人になったら誰でも最初はあることだと思います。

コツを1つ身につけると、その分ラクになって時間も少し短縮できます。できないことや覚えられないこと、お金がある時などは人に頼めばよいと思いますし、自分を守るためにはそれを選べることが必要だと思います。

そのためにも、ハウスクリーニングのように人を支える役割を担う仕事は不可欠だと考えています。

職業訓練校での特別講師の任務

かつて私が通っていた職業訓練校は、その後、職業能力開発センターに名称が変わりました。

都内の職業能力開発センターで清掃の仕事が学べるのは、私の母校・城南センター(旧:品川高等職業訓練校)のビルクリーニング管理科、城東センター江戸川校と多摩センター府中校のクリーンスタッフ養成科の3校です。

今、私はこれらの3校で特別講座の講師を務めています。特別講座はカリキュラムの終盤、生徒が卒業を前に受講するもので、前半は学科、後半は実技を中心に約3時間。具体的な内容は任せていただいています。

では、私は何を後輩の皆さんに伝えるべきだろう。そう考える時、いつも思い巡らすのは、自分が生徒だった頃のことです。卒業して就職する時、どんな不安があっただろう。

新しい職場で周囲の人たちとうまくやっていけるのか。清掃について学んだけれど実際の現場でやっていけるのか。そんな心配事や清掃に関する疑問を、今の私の立場から少しでも減らせたらいいな——。

それで、私の講義では、それぞれの生徒さんが就職後に役立つことを何か１つでも覚えてもらえることを目指しています。１つでも何かしっかりとつかんでいるものがあれば、それを起点に踏み出していけるだろうと思うからです。

生徒は10代から70代まで幅広い年齢の方がいて、今まで清掃の仕事をしてきた方もいれば、どんな働き方をしていくか迷いながらも「清掃ならできるかも」と入校した方などさまざまです。

私がその生徒さんたちに教えられるのは、その1回の講座のみ。限られた時間内ですが、できるだけ一人ひとりに合わせた指導を心がけています。教科書に載っていることをひととおり話して、「あとはみなさん、自分で勉強してくださいね」というようなやり方はしたくありません。私は頭が悪いので、小学生の時、先生の話を聞いていても「どうしてそんなふうに考えを進められるの？」「どうしてそうできるの？」とわからないことだらけで授業についていけなかったからです。

講義の最後、生徒さんからの質問に答えていますが、私の経験から「こんな時はこういうことが起きやすいから気をつけてくださいね」など、教科書には載っていないプラスアルファのアドバイスもしています。

例えば、「卒業後、いずれ独立開業を目指したい」という生徒さんには、経営の難しさにも触れながら「こんな準備も必要ですよ」と、クレーム対応や保険などの情報も伝えます。

質問が少ない時には、私から「こんな時はどうしますか？」「この用具はなぜこうやって使うと思いますか？」と、逆に質問をします。そんなやり取りをしていると、たいてい予定時間をオーバーしてしまいます。

職業能力開発センターは、学ぼうという気持ちがあれば、年齢・性別・学歴を問わず、求職中の方に広く開かれています。

なかでも清掃は、進路に悩んでいる方、再スタートを切りたい方など、いろいろな方にとって一歩を踏み出しやすい科目だと思います。体を動かして作業を積み重ねていきながら、技術を身につけ、自信を得ることができます。

出会った生徒さんが、卒業後、同業者になってくれることが何より嬉しい。だからこそ、自分に教えられることは全部教えたいという気持ちも強いのだと思います。もっともっと仲間を増やしていきたい。そのために私にできることは何だろうと考えています。

第7章
ハウスクリーニングをやりたい！

2023年には、都内の職業能力開発センターに勤務している先生方の研究発表会でお話をする機会もいただきました。

先生方から「より良い指導員になるには？」「生徒にしてほしいと思うことは？」といった質問をいただきましたが、過去から今に至るまで、私が出会ってきた先生方は全員素敵な方ばかりです。

「こうならなくてはと、あまり考えなくてもいいのではないでしょうか。ご自身のできることを一生懸命教えてくだされぱいいと思います」とお答えしました。

第 8 章

空港が止まった

⁘ コロナ禍で空港が止まった！

2019年12月、新型コロナウイルスが中国の湖北省武漢市で確認されました。2020年1月には、日本でも初めての感染者が確認され、世界中で感染が広がっていき、WHOが国際的な緊急事態を宣言しました。

2月には、横浜港に到着した大型クルーズ船「ダイヤモンド・プリンセス号」において集団感染が確認されました。

日本政府は、3月2日から春休みまで、全国の小中学校、高校などに臨時休校を要請。3月末には首都圏5都県知事が不要不急の外出自粛を呼びかけ、4月には政府が首都圏など7都府県を対象に緊急事態宣言を出しました。

第8章

空港が止まった

羽田空港でも、3月からガクッと状況が変わりました。国際線の飛行機が飛ばなくなり、国内線の便も減っていきました。4月に緊急事態宣言が出ると、それまで1日に20万人ものお客様が訪れていた空港から、人の姿が消えてしまいました。

お客様のいない空港内は静まりかえり、照明が一部落とされて薄暗く、天井が高いのでほんの少しの物音も大きく響いて、あちこちに置いてあるイスの間から何か出てくるかも……と怖くなるような雰囲気に一変してしまいました。

お客様だけではありません。空港で働くスタッフも減りました。

日本空港テクノでは、当時、事務職の6割は在宅勤務となりました。交代制による出勤です。設備管理や清掃などの作業員は、人員を減らして分散して行うなど、作業範囲ややり方などを工夫して業務にあたりました。

空港は常に開けておく必要があるので、どんなに利用されるお客様が少なくても、毎日玄関を開けて、一部のエレベーターやエスカレーターは稼働させる必要があります。

当時、国際線の清掃作業時にはマスク着用が義務となり、トイレ以外の清掃でも手袋をつけるようになりました。また、この時からトイレ内に消毒液を設置するようにしました。

私も、消毒液に浸したタオルをビニール袋に入れて持ち歩き、何かに触れたらすぐビニール袋に手を入れて拭くようにするなど、感染しない・感染させないように、とにかくできることを考えて実践するように努めました。

羽田空港では、コロナ禍以前の新型インフルエンザや鳥インフルエンザなどが流行した頃から衛生安全対策に取り組み、清掃現場でもいかに感染経路を断つかということとを考えてきました。

2013年から新たなシステムを導入し、「1回作業して終わり」ではなく、清掃するスタッフと独自の品質基準で現場の状態をチェックするスタッフが両輪となって、広い空港内の清掃品質を維持しています。世界一清潔な空港として評価を受けることができた基盤には、このシステムがあります。

清掃は、建物を利用する方のために衛生的な環境を維持する仕事。公共の場を清潔にすることは、感染症の拡大防止に役立ちます。私自身、以前も、目に見えない雑菌まで取り除こうという意識はありましたが、今回のコロナ禍で、改めてそれを意識するようになりました。

⁘ 今こそ新しいことをやる時

講演の仕事はしばらくしてほとんどが中止、または延期になり、ハウスクリーニング事業も休業となりました。月1回行っていた環境マイスターとしてのインスペクションもしばらく中止することになりました。

空港にはお客様の姿がなくなり、働くスタッフの数もまばらな状態が続くばかりでしたが、観察することで、このように長期間使わない状態が続くとどうなるかを知る機会にもなりました。

ホコリがたまるスピードは、私が思ったよりもかなり遅かったです。また、普段、施設内の換気設備の働きがあまり良くないように感じて、作業時は送風機を回すように指示することもあったのですが、しっかり機能していることがわかりました。

改めて、これまで1日20万人ものお客様が利用されていたこと、各部門のスタッフの連携によって管理できていたことを実感しました。

そして、「誰もいない空港なんてダメ。そのために今できることをやっていこう」という気持ちが強まりました。


この時期に4日間ほど、会社からの指示のもと、私は在宅勤務となりました。気持ちは私も作業員なので、なぜ自分が在宅勤務なのだろうという感じで、テレワークをしても、すぐに飽きてしまいました。

仕事のほかは、テレビのニュースや中国版LINEといわれるWeChatなどで国内外の情報収集をしたり、気分転換に部屋の掃除をして体を少し動かしたりして、家での時間を過ごしました。

私がこうしている間に、医療をはじめ、たくさんの業種の方が危険を伴うところで働きながら私たちを守ってくれている。そう思うと、じっとしていられなくなって、自分にできることを探し始めました。

感染予防にはマスクが必要なのに、当時は不足して手に入りにくい状態が続いていました。

清掃の現場は、マスクや手袋がなければ仕事に出られません。

何か工夫できないか考えながらキッチンの掃除をしていたら、料理で使うアク取りシートがマスクと同じ素材で作られていることに気がつきました。

マスクの内側にこのシートを重ねて使えば、汚れ防止に役立ちます。

思いついて試作するところまではできても、私はＳＮＳなど、インターネットを使った発信についてよくわかりません。

どうすれば皆さんに伝えられるだろう。アク取りシートのメーカーに連絡して、その会社のホームページに私の案を紹介してもらいました。

✣「新津流感染対策」を社内外に発信

加えて、清掃スタッフ向けの業界誌を発行している出版社にも連絡を取り、マスクの汚れ防止のアイデアや私なりの感染対策を伝えて、記事にしてもらいました。

清掃はサービス業です。現場スタッフはご依頼いただいた建物で作業を行い、その場所を利用される方などから話しかけられやすい存在です。

だからこそ、一人ひとりが自分の行動をよく考える必要があります。とはいえ、感染症についてわからないことが多く、先も見通せない状態のなか、戸惑うことも多いでしょう。

私のやり方を伝えることによって、対策を考える上でのヒントや気づきにつながるかもしれない。少しでも参考になればと思いました。

加えて記事の原稿料をいただくことで、会社の収入にもなりますし、掲載した内容は日本空港ビルグループのホームページでも共有させてもらいました。

⁘ 新津春子YouTubeプロジェクト始動

4日間の在宅勤務が終わって出勤しましたが、会社に来てもいつもの仕事はありません。

私の仕事は、平常時も自分の裁量に任されている部分が多く、コロナ禍で全てがストップした状況下でも自分で日々やることを考えていました。

私は何をしようか、何をしたらいいのだろう。

ハウスクリーニングの仕事をしていると、お客様からいろいろな質問をいただきます。

「この場所はどうやって掃除するの？」
「洗剤は何を使うの？」
「用具は何を揃えたらいいの？」

掃除についてよくわからず、困っている方が多いです。

皆さんが身の回りを掃除する時に、よりラクにきれいに作業するための方法やアドバイスをお伝えしたい。それが私にできること。併せて、清掃の持つ意味や楽しさも広く伝えていけたらいいなと思いました。

そんな思いを親会社（日本空港ビルデング）の社員に話したら、「YouTubeをやろう」と言ってくれました。

YouTubeチャンネル「新津春子のやさしいお掃除チャンネル」を立ち上げて、私の清掃技術を動画で広く届けることになりました。

月に1回撮影するのですが、実技シーンは良いものの、話すことはやっぱり苦手。何度もNGを繰り返しながら制作しています。

一般家庭の皆さんや、学校関係者、子どもたちなど、自分の過ごす場所を自分で掃除する方々にご覧いただいて、少しでもお役に立てたら嬉しいです。

2020年の7月からスタートして、その年にチャンネル登録者数は1万人を達成。今では3万人以上の方に登録いただいています。

✣「持ち出しゼロ」での商品開発

YouTubeチャンネルを開始した翌年、私は親会社の日本空港ビルデング営業推進室に兼務となる辞令を受けました。

営業推進室は、２０２０年10月に設置された新しい部署です。コロナ禍、アフターコロナでの日本空港ビルグループの収益力の確保や強化に向けて、グループ内で連携した施策の企画立案や実行を進めていく業務を担っています。

YouTubeチャンネルのほかにもできることがある、もっと新しい事業にチャレンジしていきたいという私の提案に会社が応えてくれて、その部署に所属して清掃用品の企画開発の仕事を始めることになりました。

それまでにも清掃用品の開発に携わったことがありました。

最初に作ったのは、ジェットタオルブラシ。トイレ内に設置されているジェットタオルを清掃する際、内部の細長い配水管に付着した汚れが落としづらく、専用の清掃ブラシを作りました。

マイクロファイバークロスも作りました。通常のクロスよりハリがある素材で、手の力が弱い方でも折り畳んだ形を維持して拭きやすいのが特徴です。八つ折りにした時、手がタオルの中に余裕をもって収まるサイズにしました。

いずれも個人的に、清掃用品の問屋さんに協力いただいて作ったものです。

清掃をする際、短時間できれいに作業を終えられるかどうかは、使う用具によって左右されます。忙しいなかで多くのことをやらなければならない時、頼れるのは用具です。

17歳から清掃の現場で働いてきて、作業しながら「この用具はもっとこうだったら使いやすいのに」とか「一つで2役3役活用できる用具があったら持ち運びもラクになっていいな」といったことは常に頭にありましたし、他のスタッフのいろいろな要望も聞いてきました。ハウスクリーニングを始めてからは、お客様から用具の相談を受けてきました。

私が使っている自作の用具を見て「それが欲しい」とおっしゃる方もいて、「今後、商品を作ったら応援お願いします」「早く作ってください」といったやりとりもありました。

これまで時間の余裕がなくて、なかなか取りかかれずにいましたが、在宅勤務中に「今が作るタイミングかもしれない」と思い、会社に伝えてみたところ、了承してもらえました。

1人では能力も時間も限度があります。一緒に取り組む仲間が欲しい。やるなら徹底的にやりたいし、そのほうが楽しい。

会社にお願いして、幡野《はたの》さんと楊《よう》さんと私の3人のメンバーでチームを組んで挑戦することになりました。

幡野さんは営業部門のエースで韓国語が話せます。中国人の楊さんは日本の大学院で政治経済を学んで入社した若手のホープです。

商品開発の仕事の進め方は、私から「こんな商品を作りたい」と2人に伝えて、それに協力いただけるメーカーを2人に探してもらい、見つかったら3人で商談に向かいます。

例えば、掃除機を作ろうとしたら、まずどんなタイプの掃除機を作るのかを決め、対応してくれるメーカーを探します。アイデアは出すけれど資金は1円も出さず、監修として関わる形になるので、メーカーに私のことを認めてもらった上で一緒に開発を行うかどうかを判断していただきます。

これはかなり大変で、断られる場合も多くあります。

契約が成立すれば、スケジュール管理や細かい手続きなどは2人に担当してもらい、私はメーカーが作ってくれる試作品のテストに取り組みます。相談が必要なことは3人で話し合って対応します。

1年目は、スティッククリーナー。重さは1kg未満、使う人の身長に合わせて柄の長さも選べる「体にやさしい掃除機」です。軽いので力の弱い方でも使いやすく、床はもちろん、高所の作業もしやすいです。

2年目は、吸引式床拭き掃除機と洗剤。体に負担のかかる水拭き掃除をラクにできるように、日本の住まいに合わせた「水拭き掃除機」を手掛けました。洗剤は、トイレや浴室用など3種類。家庭用洗剤は業務用に比べて、汚れ落ちが今ひとつのように感じて、使いやすく安全なものを目指しました。

3年目は、吸水スポンジと水拭きタオルを兼ね備えた「2WAYレインボークリーンパッド」です。擦ったり磨いたりするパッドにもなり、12層式の構造で剝がして使えます。

運良く、チームで掲げた売上目標を達成でき、コロナ禍の影響が落ち着いてきた3年目以降も、継続して取り組んでいけることになりました。

1年目は清掃用品の企画販売という新事業、2年目は販路の新規開拓に対する評価で社内で特別賞をもらい、メンバーたちと喜び合いました。

商品開発にあたって、こちら側が出資しないのは私が決めたことです。これまで会社にはさまざまな面で支え続けてもらってきました。コロナ禍で新事業として提案しましたが、万が一失敗した時、会社に迷惑をかけてしまいます。

まず、出資金なしのやり方でどこまでできるか挑戦してみる。会社の負担を最小限にして、利益を上げて資金を稼いでから次のステップへと進みたい。会社にもそう伝えて、了承してもらっています。

⁘ 商品開発へのこだわり

私は商品開発については、技術者ではなく、それが使いやすいかどうかしかわからないので、試作品ができたら最低3か月間はテストして評価します。「ここがダメ、こう工夫してください」といったやりとりをしていきます。

私が監修した商品には、「新津春子」という私の名前やロゴが入るとともに、空港や会社にも影響してくるので、中途半端なものは作りたくありません。だから徹底的にテストして、メーカーのアドバイスも聞いて話し合いながら仕上げています。

水拭き掃除機の場合は、汚れを落とすための最適な水量と水拭き後の床面の水残量にこだわり、テストの段階で7〜8か月ほど試行錯誤を重ねました。

中国の工場で作っているのですが、工程が70以上あり手作業も多いため、私からの細かい指摘や要望への対応に手間がかかってしまいました。

この商品は日本の家庭のために作った、国内では初の水拭き掃除機で、フローリング、カーペットタイル、塩ビ床、石材など、多くの床材で使用できます。

カーペットも洗えるようにしたいと思いましたが、そうするとさらに時間が必要で、価格も上がってしまうため、今回は含めませんでした。

重量はできるだけ軽くしたいけれど、タンクに水を入れると重くなるし、ローラーは軽すぎると浮いてしまう。いろいろな面を考え合わせて、片手で持ち運べる範囲として4kgになりました。

モップを使わずにこれ1台で水拭きや汚水回収もできるので、業務用としても活用いただいています。


商品作りで私ができることは一部分、人と人とのつながりによって商品が無事完成して発売する時は、言葉にならないほど嬉しいです。販売にあたってもメーカーやバイヤー、いろいろな方のサポートによって目標の売上額を達成できている。これまでの清掃の仕事とはまた違ったやりがいがあります。

どんな人に使ってもらいたいか、これを使うことによってどれぐらいラクになるかなど、作る段階で想像しているので、実際に商品ができて、そのような方たちに使っていただけると、「ああ、良かったな」という気持ちでいっぱいになります。

できれば、長く使ってもらいたいし、長く販売してほしい。それによっていろいろな方の目に触れて、長く役に立つことができる。そのように、先々のことを考えると楽しくなってきます。

ハウスクリーニングを早期に復活、コロナ禍でも年末の予約は満杯に

ハウスクリーニング「思う心」は、4月から6月までの3か月間は休業、7月から再開しました。

感染対策には十分な注意が必要な状況下です。お客様のお宅に入る前に、必ず検温と消毒を済ませて、スリッパは持参したものを使い、一軒ごとに洗って消毒します。

また、コロナ禍以前からですが、お客様のお宅のトイレはお借りしないことにして

います。退出時は、玄関の取っ手を消毒液で拭いてから帰ります。

夏の季節、マスクをつけた状態での作業は暑く、熱中症対策や汗の臭いへの配慮も必要です。お客様にエアコンをつけていただくように協力いただいたり、予備の着替えを用意して着替えたり。その後、ファン付きジャケットも導入しました。

9月末に大掃除キャンペーンを始めたところ、年末の予約はいっぱいになり、希望を年明けに変更して予約を入れてくださったお客様もありました。

社内研修に多くの時間をかけているため、事業単体でみればまだまだ十分な数字には届いていませんが、少しは会社の売上の足しになったかなと、3年前の自分の提案に自信を持ちました。


一般的なビルクリーニングの場合、空港の清掃もそうですが、ビルのオーナーとやりとりをするのは営業の担当者で、現場で作業する清掃スタッフはなかなかそのような機会はありません。

ハウスクリーニングでは、依頼主のお客様と清掃スタッフの距離が近く、スタッフは直接、お客様に作業の出来映えを見ていただいて、評価を伺うことができます。その分、厳しさも伴いますが励みにもなります。お客様の声を細かく聞けるので、どんどん技術を身につけていくことができます。

ハウスクリーニングで学んだことをビルクリーニングに生かすこともできて、オフィスビルで清掃をする時に「そういえばハウスクリーニングでお客様が喜んでくださったから、このあたりをもっと丁寧にやってみよう」と実践してみると、ビルの従業員さんから「ありがとう」と言っていただけることもあります。

そういう時には改めて、ハウスクリーニングをやって良かったと思います。

⁘ 2年間で多くの仲間が去った

2020年から2022年にかけての2年間は、羽田空港はコロナ禍の影響を大きく受けました。

私が所属する日本空港テクノを含め、日本空港ビルグループ各社は大きな損失を受けました。会社は売上がほとんどないなか、社員の私たちに給料を払ってくれました。

一方で、パートやアルバイト勤務のスタッフの場合、契約が更新されないケースもありました。これは苦渋の判断だと思います。利用するお客様の数が激減するなかで、これまでどおりの雇用の維持は難しかったのでしょう。

従業員側でも、コロナの期間中、希望して退職した社員もいました。賞与が少なくなったり、先行きに不安を抱いたり、それぞれに理由があったのだと思います。

誰が悪いわけでもありません。けれど、思いがけない別れにつながってしまいました。

⁘ コロナ禍による学びもあった

私はコロナ禍によって、学んだことがいろいろあります。

この経験によって、未知の危険性を持ったウイルスがこんなに簡単に世界中へ広がり、長期間にわたってこれほど大きく私たちの暮らしや人生を変えてしまうことを初めて知りました。

そして、清掃の大切さや、日頃の注意力の大切さに気づきました。

私は清掃の仕事をしているため衛生管理には気を使っていましたが、さらにこのコロナ禍でそれが身につきました。

新しい情報を取り入れながら、対策を考えて行動することによって感染を防ぎ、命を守ることができる。感染を防ぐためにはどういう動きで何をするべきか意識できるようになり、体で覚えられるようになったと思います。


コロナ禍がもたらしたことは悪いところばかりではありません。

それまで動き続けてきたけれど、立ち止まって考える時間をもらいました。

考えることで、思いつくものが出てくる。思いついたら、それを発信したり、行動に移したり。一人で考えていても、そのアイデアの良し悪しがわからないので、いろいろな方に話して、意見を聞いたり、協力してもらったりして進めることができました。

以前は何か新しいことを始めようとしても、なかなか賛同してもらえませんでしたが、協力してくださる方が増えました。このようないざという局面で、前向きにともに取り組んでくださる方が多いことは、私にとって心強いことです。改めて、人の力に気づけました。

コロナ禍によって、できなくなってしまったことがあった一方、自分の胸の中にあった、いつかやりたいと思っていたことに取り組めました。

空港に活気が戻った

空港に再び、いつもの活気が感じられるようになったのは2023年に入ってからです。

2022年あたりから、お客様が徐々に増えてきて、空港で働く清掃スタッフなどの募集を再び始めました。

新しい顔ぶれになり、気がつくと私の知らないスタッフがほとんど。そのようななか、帰り際に国際線ターミナルのトイレに立ち寄ると、そこで清掃をしていた外国人のスタッフから「新津さん！」と声をかけられました。

「どこかで会った人かな？」と思い返していると、「テレビを見て、新津さんに憧れて入ったんです」と言われてびっくりしました。

コロナ禍の後、空港で働き始めた新人さんで、ベトナム難民として来日して子どものために頑張って働いていることや、苦しい時にあの番組を見て共感したことなどを話してくれました。

今もそんなふうに空港で働いてくれる人がいるのだと、嬉しくなりました。

羽田空港を襲ったトラブル

2024年の1月2日の夕方、羽田空港で日本航空（JAL）機と海上保安庁機の衝突事故がありました。事故に遭われた方にお見舞い申し上げます。

その日、私は休日で、自宅にいたのですが、空港の近くに住んでいるのでサイレンの音が聞こえてきて、テレビをつけて事故を知りました。そして、空港内も混乱しているのではないかと想像しました。

空港では非常時のマニュアルがあって、役割分担も決まっていますが、私の所属する営業推進室は状況に合わせて臨機応変に対応する部署です。上司やチームの2人と連絡を取り、空港に行って必要な作業をサポートすることにしました。

私は、もし清掃面で手が足りなくなっているようなら手伝おうと思って駆けつけました。かつて自分がアルバイトでトイレ清掃をしていた頃、混雑した際に慌ててしまった経験があったからです。

私が空港に着いたのは、事故発生から1時間後ぐらいだったと思います。特にチェックインロビーなどは人であふれ、混雑はしていましたが、混乱はしていませんでした。

各ターミナルを回ってごみ箱やトイレをチェックしました。ごみが散らばったり、液体の汚れが広がったりしていれば転倒事故につながりますし、体調を崩した方がいれば、いち早く見つけて対応する必要があります。トイレは使用中の状態が続き、ごみの量も増えていましたが、トラブルなどはありませんでした。

その晩、空港に泊まって待機する方も多く、毛布と水を配る手伝いをしたのですが、皆さんイスや床に毛布を敷いて座ったり横になったり、それぞれに場所を見つけて静かに休まれて、翌日には空港を発《た》っていかれました。

振り返って、メディアの対応、緊急時の手配、混雑時の対応など、JALグループと日本空港ビルデンググループの連携を実感するとともに、空港内のお客様が落ち着いて行動されていたことが印象に残りました。

混雑した状況が続いても、いらだって声を荒らげたり、先を争ったりされることもなく、皆さんとても冷静でした。国際線エリアも同様で、多くの外国人のお客様も静かに過ごされていて、ごみの散乱などもありませんでした。さまざまな文化や風習、習慣を持った方がいらしたと思いますが、日本のルールやマナーに合わせてくれたのだろうと思います。

今回、ＪＡＬの事故機は全員が脱出でき、非常時の乗員乗客の行動が注目を集めましたが、私は空港を利用するお客様も素晴らしいと思いました。

⁘ 私の体験を生かしてほしい

コロナ禍の影響で中止や延期になっていた講演の仕事が、再び増えてきました。

コロナ禍を機に、オンラインで行うことも体験しましたが、その場合も、私は話を聴いてくださっている方たちの顔を見ながら話します。

講演の時、私は原稿を用意しません。耳を傾けてくださっている方の顔を見なければ、皆さんが何を求めているのかわかりませんから。

例えば、市民大学講座で講演の依頼をいただいた時などは、テレビを見て会いに来てくれた方、お掃除のやり方を教えてほしいという方や、やる気を保ち続けられる理由を知りたいという方もいらっしゃいました。

私の講演では、必ず質問コーナーを設けていて、皆さんからいただいた質問に、私なりの対応のしかたをお答えしています。

「これでいいかな、大丈夫かな」とずっと迷って行動に移せない方や、「自分にはできない」と自分の力を信じられない方、自分のことをあまり評価していない方が多いように感じます。

でも、やってみることが自信につながっていくし、やってみなければわからないこともある。できることからチャレンジしてみてほしいなと思っています。

私の場合は行動第一。なぜそうできるのか質問されることもありますが、たぶん、自分の考えが固まっていて、これまでの経験で知ったことや身につけた技術がそれを支えてくれているのだろうと思います。

その行動をとることで、失敗したり、周りの方たちから嫌われてしまったりすることもあります。でも、私はそれも覚悟した上で、そういったことを別の面でカバーできるように工夫するなど準備しながら、前へ進んでいこうとします。

砲丸投げの選手だったこともあって、私は子どもの頃からいつも自分で目標を作ってそれに向かって取り組んできました。達成したら、すぐに次の目標を設定します。失敗したり、途中で断念するしかなくなったりした場合の切り替えも早いほうです。うまくいかなかったり、反対する意見をもらったりしたら、何かいい方法がないか探したり、周囲に相談したりして、後ろを向くことは頭にないんです。だから、失敗も多いけれど、少しずつでも積み重ねができて、前へ進んでいけるのだと思います。

人間の一生は限られているので、私が経験したこと、失敗や工夫などを、皆さんに少しでも生かしてもらえたらと思っています。

私という人間の良し悪しの前に、まず知っていただいて、私の考え方や生き方で皆さんに役立つことがあったら生かしていただけたら嬉しいです。

時間は私にとって永遠の課題で、時間がたくさんあれば、楽しいことがもっとたくさんできるのに……といつも思います。

もし今、私が欲しいものを聞かれたら、迷わず「時間」と答えます。

限られた時間の中で、物事を覚えて、覚えたら自分で工夫して、それでもうまくいかない時は周囲に力を借りてまた工夫する。自分のものにすることができたら、皆さんに伝えていく。それが私のスタイル、終わりのないサイクル。

これからも自分を進化させて、皆さんに新しいことをお伝えしていきたいです。

⁘ 私の働き方

私は、会社員の働き方を大きく分けると、次の3つになるように思っています。

1番目は、会社のルールを守ることを重視し、それに自分を合わせて働いていく。2番目は、ルールについて少し思うところがあり、意見を言うタイミングを慎重にみながら機会を待つ。3番目は、ルールについて何か思うことがあれば、上司に自分の意見や対案を伝えて返事を待つ。

これまでの生活環境や習慣、性格、今の状況、将来に向けてどのように歩んでいくか、何を重視して働いていくかなど、人によってさまざまだと思いますが、自分の働き方について、振り返って考えてみることは大切です。

私自身は3番目の働き方だと思います。疑問に感じることがあれば、すぐに上司に理由を聞いたり、自分の考えを伝えたり、他の方法を提案したりします。早く言えば、常に「ホウレンソウ」を行っているような感じです。

私は、前に進めないのが嫌なタイプ。自分の意見を上司に聞いてもらうことで、それが会社にとって良いことなのかそうでないのか答えが得られますし、行動に表すことで自分の成長につながり、楽しさも得られるように思います。

それによって仕事を早く覚えられたり、教わった内容を自分の体に馴染ませたりすることができる。答えがわからないまま、うやむやの状態で働き続けることが、私の場合はストレスになってしまいます。

意見を出して、より働きやすい環境を作っていければ、安心して仕事に取り組めるでしょう。人はそれぞれ、その人にしか考えられないことがあります。もしかしたらその意見が、会社に、お客様に、役立つものに発展するかもしれません。私は、会社は家族のようなものと考えていて、社内のみんなが一緒に楽しく働けることでより良いサービスを提供でき、お客様にも楽しんでいただくことができるのではと思います。

今の会社に勤めて、30年を迎えます。本当にいろいろなことがありました。その仕事もやりたい、残業させてほしい、試験を受けたい、ユニフォームを変えてほしい、練習場を作ってほしい、資材を購入してほしい、外部の研修に行かせてほしい、仕事はこうやりたい……など、たくさんの要望や意見を伝え、会社と話し合ってきました。

私はこのような働き方しかできません。サラリーマンには向いていないかもしれませんが、それが自分にとって一番働きやすい形なら、それでいいのではないかと思っています。

より働きやすい環境、よりお客様が過ごしやすい空間、より良い人間関係を築きたい。日々努力して大好きな仕事に全力で取り組み、さらに前進できるように頑張っていきたいです。

終章

思う心

⁘「清掃はやさしさ」から「思う心」へ

27歳の時、ビルクリーニング技能競技会の予選で、常務から「やさしさが足りない」と言われて、「それってどういうこと？」「なぜそう言われなければならないの？」と考えたことによって、その後の自分の人生が180度変わりました。

言葉の意味や理由とあわせて、「どうすればやさしい清掃ができるようになるだろう」と考えてきました。

常務に言われてからいつもやさしさを忘れないように努めてきましたが、気がつくと意識できていない時もあって、身につくまでには時間がかかりました。

私は頭があまり良くありません。頭が使えないから体で覚えよう。意識することを忘れないために、「思う心」という言葉を使っています。

「思う心」を具体的に表すと、次の3つになるでしょうか。

①自分にやさしくする
②観察をする
③敬意を払う

自分にやさしくすることで、「心」に余裕がうまれます。

「心」に余裕がうまれたら、相手（人・物・自分など）を観察します。

相手をよく観察することで「思う」ことができる。そして、思ったことを実現するにはどうすればいいかと考える。

方法や手順が見つかったら行動に移しますが、その時に必要なのは敬意を払うこと。

相手を大切に思い、さらに考えながら行動します。

この一連の流れが「思う心」です。

ただ「思う」だけでなく、自分の「心」を使って考えて行動すること。「心」は人がみんな持っているもので、他の人や物、自分に対しても影響を与えることができる。私はそれで「思う心」としました。

余裕がない状態だと周囲が見えなくなって、物や人にやさしくなれないよ、と常務から教わりました。相手を思うやさしい気持ちを持って行うことで、お客様が評価してくださる。

清掃の仕事は、常務に言われる前も一生懸命やっていたつもりでしたが、相手に認めてもらうには、まず自分を変えていかないといけないことを学びました。

私はまだ、常務が伝えようとしてくれたことを十分には理解できていないかもしれませんが、「思う心」は、やさしさとは何か、どうすれば身につけられるかと考えて見つけた私なりの考え方です。

人によってさまざまな表し方があると思いますが、この言葉が意味することはきっと、どの人にとっても、どんな仕事をしている時でも、一番大事なことではないかと思います。

ハウスクリーニングの仕事がスタートする時、事業部の名前を「思う心」にしましたが、商品開発など幅広い仕事をするようになった今、この言葉がさらに重要になっているのを感じます。

商品を作る時には、これまでより一段と深く考える必要があります。

清掃の場合は、汚れをきれいにして、その場所や物を使う方がより使いやすいようにすることを重視して考えてきました。今は、その場所や物を作る側の気持ちと使う側の気持ち、その両方が見えてきます。

商品開発の仕事では、誰に対してどんな物を作るかを決め、使いやすさや耐久性、安全性、予算や期限など、さまざまな面を考えて形にしていきます。

自分が商品開発をするようになって、いろいろな物がどのように作られているのかを考えるようになり、以前より物を大事にするようになりました。

羽田も私も次のステージへ

コロナ禍以降、中止していた環境マイスターによる空港内の清掃インスペクションが、2024年11月から再開しました。

他のインスペクションは早くに再開していたのですが、私が担当するインスペクションはこの機にやり方を大きく見直すことになり、4年ぶりの再スタートとなりました。

環境マイスターインスペクションは、私独自の観点でチェックします。事前にどの場所をチェックするのか、どのルートを歩くのかも知らせません。誰かに聞かれた時、嘘はつけないので、あえて自分でも答えられないように、当日の朝、現場の雰囲気で決めます。どこか違和感のある所を中心に回ります。

以前は1人で回ったり、途中で社内のインスペクターに引き継いでもらったりしていましたが、社員のインスペクターと3人1組で行う形になりました。インスペクター、記録係と役割分担しながら一緒に取り組み、みんなに「思う心」も教えていきます。なぜ私がそのようにチェックするのか理解してもらい、学んでもらいます。

環境マイスターとして、インスペクターの育成も担うことになるなどコロナ禍を機にインスペクションも変わってきました。

私は環境マイスターの務めを再開できるようになって、やりがいが出てきました。

「思う心」は鈴木常務に教えてもらったこと。大切なことを教わった以上は、次の世代に引き継ぐ義務があると思っています。

⁘ これからの私の夢

私は、自分が日本で清掃に出会って学んだことを、皆さんに伝え続けたい。皆さんに私の体験を知っていただいて、それぞれの方がやろうとされていることに生かしていただいて、その成功率を高めてもらえたらと思っています。

私は中国で生まれて17歳の時に日本へ来ましたが、それぞれの国で環境は大きく違い、モノがない状態から手を伸ばせば何でも買えるまでに、時代や社会が移り変わっていく様も経験しました。

それできっと、思いがけない変化があった時でも、「ゼロからまた始めよう」「工夫して対応しよう」とする切り替えが早いのだと思います。

さまざまに変化する状況に対応していくには、目標を持って自分自身を変えていくことが必要です。

常に努力してコツコツ頑張っていれば、すぐに結果は出なくても、諦《あきら》めずに続けていたらいつかチャンスが来て、それに目を留めてくれる人が現れた時、変わっていく。少なくとも、技術を身につけたり、工夫を重ねたりした経験はムダにはなりません。

自分が良い方向へ変わった手応えが感じられるようになれば楽しいし、一度それを味わえると、新しいことに挑戦する不安もなくなっていきます。

また、仕事に取り組むなかで、どなたかに喜んでもらえることがあると、もっと頑張ろうという気持ちがわいてきます。

私の仕事はまだまだこれから。私の目指すものはまだまだ先にあります。

清掃は国や文化が違っても共通する要素が多いもの。今後、私の活動する領域を世界へと広げ、仕事の内容も清掃を起点にどんどん広げていきたい。

夢のような大きな目標ですから、一生をかけても終わらないかもしれません。

でも、それは一生楽しめるということです。

どこまでできるかわかりませんが、一歩ずつ着実に、達成に向けて頑張っていきたいと思います。

新津 春子（にいつ・はるこ）
1970年、中国残留孤児二世として中国・瀋陽に生まれ、17歳のときに来日。95年、日本空港技術サービス（現:日本空港テクノ）に入社。97年に（当時）最年少で全国ビルクリーニング技能競技会一位に輝く。以降、指導者としても活躍し、羽田空港ターミナル清掃の実技指導に加え、同社でただ1人の「環境マイスター」として、羽田空港全体の環境整備に貢献。また、2018年には新たにハウスクリーニング事業「思う心」を立ち上げ、一般の家庭に清掃技術を提供している。NHK「プロフェッショナル 仕事の流儀」には5回にわたって出演。現在は、ハウスクリーニング事業に加え、親会社である日本空港ビルデング株式会社の業務を兼務しながら国内外向けの講演会、清掃用品の商品開発（アイデア商品）、YouTube動画の配信、本の出版等多方面で活躍中。

清掃はおもてなし
9年連続世界一の羽田空港の清掃を支える職人の働き方と考え方

2025年3月10日　初版第1刷発行

著　者――新津 春子

発行者――張 士洛
発行所――日本能率協会マネジメントセンター
〒103-6009 東京都中央区日本橋2-7-1　東京日本橋タワー
TEL 03（6362）4339（編集）／03（6362）4558（販売）
FAX 03（3272）8127（編集・販売）
https://www.jmam.co.jp/

編集協力――黒須しのぶ
装　　丁――萩原 弦一郎（256）
写　　真――松本 健太郎
本文デザイン――有限会社北路社
D　T　P――株式会社キャップス
印 刷 所――シナノ書籍印刷株式会社
製 本 所――株式会社新寿堂

ISBN 978-4-8005-9311-5　C2034
落丁・乱丁はおとりかえします。
PRINTED IN JAPAN